ツイてツイてツキまくる頭の使い方教えます

お金・ビジネス・
恋愛・子育て――
面白いほど成功する

ツキの大原則

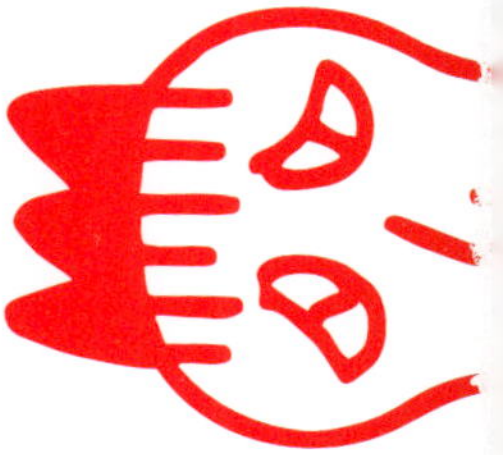

サンリ能力開発研究所 代表
西田文郎

現代書林

まえがき

成功者になるために一番大切なものは何ですか?

人にこう聞かれると、「ツキと運です」と私は答えてきた。聞いた人は、「エッ?」とびっくりする。「強固な意志力」とか「たゆまぬ努力」、あるいは「誠実」といった返事を期待していたのだろう。「ツキなんて不謹慎だ」という顔をされる方もいる。

まじまじと私を見るその目は、明らかに疑っている。プロスポーツの選手個人やチーム全体のメンタル指導を数多く手がけてきた、私の過去の経歴までも、どうかすると疑ってかかりそうな様子なのだ。

「スポーツという実力の世界、まじめな努力が何よりも評価される世界で仕事してきた人間が、ツキより大切なものはないなどというわけがない」

そんな目で、私をにらむのである。

ツキや運が、なぜ不謹慎と思われるのか。「努力もせずに」という印象があるからだろう。ツキとか運とかいうのは、不まじめであり、怠け者の発想であり、人生を真剣に生きる者の姿勢ではないと多くの人が思っている。

オリンピックでメダル獲得を期待されながら、果たせなかった選手が、「敗因はツキです。ツキがなかったせいです」といったら、総スカンをくうに決まっている。

成功者になるのに一番大切なもの。これは、人生では何が一番大切かと問うに等しい。「意志」とか「努力」「誠実さ」のような、人生を真剣に生きるうえで励みになる答えでなければいけないと、まじめな人たちは思う。

しかし成功できるかどうかは、〝まじめさ〟とは何の関係もない。成功とは縁遠い、あまり面白みのない人生を送っているのは、たいていまじめな人たちだ。まじめな人間ほど成功から見放され、お金もなく、有価証券もなく、豪邸もなく、別荘もなく、外車もなく、浮いた話などはもちろんなく、ストレスいっぱいの、つまらなそうな顔で毎日を暮らしている。少なくともそういうケースが圧倒的に多いのである。

——などという話ばかりするので、私はあちこちでヒンシュクを買っている。しかしヒンシュクを買おうと売ろうと、真実には何の変わりもない。まじめでなくても、人はいくらでも成功できるのである。ただ、ツキと運がなければ絶対成功できない。

では、私たちの人生には、いったいどんなツキがあるのだろう。ビジネス（仕事）、お金、対人関係、異性関係、結婚、家庭、子育て、容姿、健康、そして死に方……。いずれにもツイている人間と、ツイていない人間がいる。つまり人生のあらゆる局面に、ツキが重大な意味を持ってくるのである。

この本ではビジネス（仕事）を中心に、お金と結婚、子育てを取り上げてみた。おそらく本書の内容を一番理解し、「うん、その通りだ」と賛同してくれるのは、もともとツキと運をたくさん持ち合わせている読者だろう。すなわち、この本を読む必要のない人たちだ。一方、この本を読む必要のある人たち、すなわち現在はツキと運に恵まれないけれど、これからツキと運をつかもうという読者には、難解すぎる内容だったかもしれない。なぜ難解かといえば、この本を一番理解してくれる人たちとは逆に、その人たちはツキや運を自分で体験したことがないからだ。そういう人たちにこそ、「うん、そうだったのか」と力強くうなずいていただけるよう、わかりやすく書いたつもりである。

ツキとは何か――「出会い」である。

運とは何か――ツキの持続である。

まずこの本と、しっかり出会っていただきたい。この本としっかり出会い、ツキの本質を理解し、そのツキをいつまでも持続させる方法を心がけたら、あなたは間違いなく、仕事にも、お金にも、対人関係にも、異性関係にも、結婚にも、家庭にも、子育てにも、容姿にも、健康にも、そして最後に待っている死に方に至るまで、凄くツイて、ツイてツイてツキまくる人生になる。間違いなくなるはずである。

いったいどうして、そんなことまで私が断言できるかというと、ツキには原則があり、ツキの大原則に従って生きてさえいけば、イヤでもツイてツイてツキまくる人生になってしまうからだ。

それとは反対にどんどんツキから見放され、悪いほう悪いほうへと進んでしまう原則があり、これに従っていると面白いようにドツボにはまっていく。成功にもお金にも、素晴らしい恋にも、まるで縁のない淋しい人生を送ることになる。

そこで、次のようなツキの「第1原則」を最初に知っていただこう。これを頭に入れてもらい、あとは本文を読んでいただくことにしよう。

ツイている人間は、必ずツキを大切にしている

目次

第1章　今のあなたはドツボにはまっていないか

どう頑張っても失敗してしまうドツボの大原則

第2章 あなたの脳は不機嫌に生きていないか

悪い予感がよい予感に変わるツキの大原則

第4章

あなたは苦労して働こうとしていないか

ビジネスで面白いほど成功するツキの大原則

第5章

あなたには大切な人の心が見えているか

恋愛・家庭・子育てがうまくいくツキの大原則

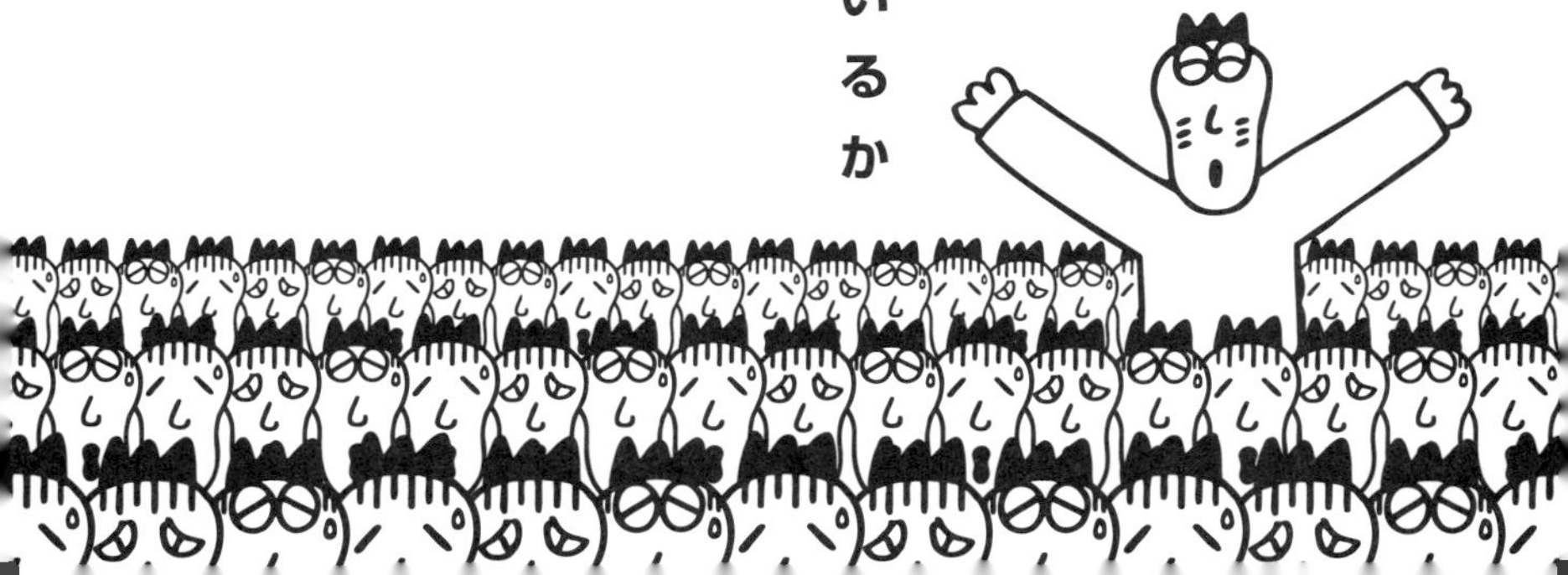

第6章 今のあなたにもツキは必ずやってくる

いとも簡単に自己変革ができるツキの大原則

第1章

今のあなたはドツボにはまっていないか

どう頑張っても失敗してしまうドツボの大原則

ツキがモノをいう実力社会

大切なサイフをなくしたとしよう。酔って落としたに違いない。サイフを落とすのは、普段よりたくさんお金を持っているときと決まっているから、ショックもかなり大きい。たいていの人間はタメ息をついて、「ツイてない」と思う。

けれど、奥さんの反応は違う。サイフを落としたことを打ち明けられても、「あなた、ツイてないわね」とはいわない。なぜならツイてないのは夫ではなく、自分のほうであるからだ。いい歳をして酔っぱらったあげく、お金まで落として帰るなんて。こんな男《ひと》と結婚してしまった自分は、なんてツイてないんだろう……。

確かに私たちの人生には、ツキとか運と呼ばれるものがある。ツキの波に乗っているときは、何をしても面白いようにうまくいく。しかしツキに見放されると、とことん見放されてドツボにはまってしまう。

ドツボというのは、たとえばこんなふうだ。

- **一生懸命努力しているのに、結果がことごとく裏目に出る**
- **ツキのない人、運のない人とばかり知り合う**
- **夫婦関係や人間関係がどんどん悪くなる**

・努力すればするほど、ますます悪くなる
・ストレスがたまり、体にも病気や変調が出てくる

サイフを落とすのも決して偶然ではない。大切なものをなくしたり、落としたりするというのは、もうドツボの大原則にはまり込んでいるしるしである。明らかにツキがない。「こんな男《ひと》と一緒になったのはツイてなかった」と、奥さんも思い始めている。

「しっかりしてよ。同期のAさんはもう課長になったっていうのに。あなたは係長のままじゃないの。酔って、サイフをなくしてる場合じゃないのに」

妻にそういわれては、男として黙っていられない。

「あいつのはただのツキさ。たまたま上司に恵まれて、早く昇進しただけだ。本当の実力なら、俺のほうがずっと上だ」

当然、奥さんの耳には負け惜しみとしか聞こえない。

これからはツキや運に関するこんな会話が、おそらくあちこちで聞かれるようになるだろう。というのも、これまでの日本的な経営が破綻し、年功序列とか終身雇用に支えられたピラミッド型マネージメントは終焉を迎え、日本のビジネスシーンも、いよいよ本格的な実力主義、成果主義の時代に突入しようとしているからだ。

実力社会になると、こんな会話が増えるのには理由がある。じつは、実力が問われれば問われるほど、ツキや運が重要な意味を持ってくるのである。

ツキと実力の真実

「ツキや運なんて迷信だ」「そんなものはあるはずがない」と思っているとしたら――私は賭けてもいいけれど、それはまず間違いなく仕事で活躍できていない人である。なぜなら人間はツキや運なしに、大きな成果を上げることはできないのだ。

世間の人が思っているのとは逆に、ツキは実力と少しも矛盾しない。実力主義とか能力主義というけれど、そこでいわれる「実力」とは何だろうか。頭の回転が速いこと、巧みな交渉能力があること、優れたアイデアがひらめくこと、それとも英語が話せたり、パソコン操作が上手なことだろうか。

それらはひとつの能力である。しかし、そうした能力を持ちながら、成功できずに一生を終わる人間がゴマンといる。いや、私たちの大半はそのタイプに属している。つまり、無能だから成功できないのではないということだ。「実力」の正体は、そうした個々の能力とはまったく別のところにある。

単刀直入にいって、「実力」とは、ツキと運の積み重ねである。成果主義というのは、ツキと運の積み重ねに対する評価である。

もしかすると、今あなたは、「ツキも実力のうち」という、困った言葉を思い浮かべたかもしれない。それが大きな間違いなのだ。ツキは実力のうちではない。ツキこそ、正真正銘の実力なのだ。その人が秘めている才能や能力を引き出し、花開かせるのはツキ以外の何ものでもない。

ほかのどんな世界より厳しく実力が問われるスポーツの世界で、私は20年近くメンタルトレーニングを指導し、プロ野球やJリーグをはじめとする一流選手、トップアスリートを身近に数多く見てきた。これは、そこから導き出した結論だ。

ツキこそ実力である。

100人に1人のツキ人間

たとえば、夜道を歩いていて偶然にサイフを拾った。「ツイている」——多くの人がそう思うだろう。しかし、そんなものは小さなツキである。いや夜道を歩いて、サイフぐらいしか拾えないようでは、むしろツイていないというべきだ。

サイフしか拾えないのは、ツイていない人間である

経営の神様と呼ばれた松下幸之助が若い頃、夜道を歩いていると、近くの家の窓から激しくい

い争う声がもれてきた。アイロンをかけたいという女の子の声と、ラジオを聞くという男の子の声が、ひとつのコンセントをめぐって争っていた。そのとき松下幸之助の頭にヒラめいたのが「二股ソケット」のアイデアで、それがのちに〝世界の松下〟を築き上げるきっかけになるのである。

ツイている人間は同じ夜道を歩いても、それぐらい大きなものを拾える。

ツキこそ実力である。

では、あなたにそのツキがあるかどうか、それを調べてみよう。次の5つの質問すべてに、「イエス」と答えられたら間違いなくツキがある。

・「今までの人生はツイていた」と思う

・今、「自分はツイている人間だ」と思える

・自分のまわりに、「ツイている人間」がいる

・自分は、「社員あるいは部下にツイている」と思う

・自分は、「ツイている人」と付き合っている

すべてに「イエス」と回答できただろうか。もしそうなら、友だちを1人残らず集めて盛大にお祝いのパーティーを開いてもいい。というのは、人口のわずか1パーセントしかいない「成功者」の仲間に、あなたは入っているのである。この1パーセントの人たちは、いずれイヤでも成功することになっている。成功したくない、成功なんてまっぴらだと、たとえ思っても成功してしまう。パーティー費用ぐらい安いものだ。

もしかすると、こう思う人がいるかもしれない。

「バブルが弾けてからというもの、日本経済は振るわない。日本全体が苦戦を強いられている。そんなときに、ツイているなどと思えないのは当然じゃないか」

これが、じつはツキを呼び込めない人間の典型的な発想なのだ。順調なときにツイていると思えるのは、いわば当然である。動物園のサルだって、見物客の投げたバナナをつかんだときは、「ツイてるぞ」と思うに違いない。それをボスザルに横取りされると、「ああ、ツイてない」としょげ返る。

99パーセントの人間は、何かあるとすぐにマイナス思考になり、「ツキがない」「運が悪い」と考える。しかし1パーセントの成功者は、どんなときもツイていると思える。彼らは、どんなに不遇の時代、苦しい時代にあっても、「自分はツイている人間だ」と強く思えるという、まったく不思議な特技を持っている。バブルが弾ければ、「よし、ツイている」。経済がどん底なら、「よし、ラッキーだ」。これこそ自分のチャンスだと、どんな状況にあっても自分を燃え立たせてしまう。

バナナをボスに略奪されて、

「自分はなんてツイてるんだろう。総毛が逆立つほどの悔しさを覚えておこう。この屈辱感が、いずれ自分の宝物になるんだ」

と思えるサルだけが、いつかボスの座を奪えるのである。

つまり問題は、今、この瞬間にあるのだ。今、ツイていると思えない人間が、今後、俺はツイていると思うことは絶対にない。あり得ないことだ。ますますツキがなくなり、ツキから見放されることはあっても、いつかツキや好運が舞い込んでくるなどということは、一生ないのだとはっきり断言しておこう。

今ツイていなければ、一生ツキを逃し続ける

厳しいかもしれないが、これが現実である。ほとんどの人は、この厳しい現実を生きてしまう。だから今日こそ、ツキのある人間に生まれ変わる必要があるのだ。

報われるとは限らない努力

世の中には一生懸命生きている人がたくさんいる。消費社会にドップリつかり、腑抜けになったといわれながらも、日本人はまだまだ捨てたものではない。冷たい不況風の吹き荒れる中でも、多くの人が真剣な努力を続けている。

ただ、そうした人間的な価値と、社会的価値は必ずしも一致しない。人一倍努力しても成功するとは限らない。むしろ努力が実って成功する人より、どんなに努力しても報われない人のほうが圧倒的に多いのである。いや、成功できない人に限って、気の毒になるほど必死で努力しているというのが現実だろう。

たとえば、赤字会社の社長と、黒字会社の社長ではどちらが必死で努力しているか。明らかに前者である。青息吐息で努力している。売れっ子タレントと、売れないタレントでは、一般的には売れないタレントのほうがはるかに努力する。

なぜそんなことがわかるかというと、プロ野球の二軍やJリーグのサテライトに行くと、もう後のない選手たちが必死になって努力している。努力しても努力しても這い上がれずにいる。そんな涙ぐましい努力を、私はイヤというほど見てきたからだ。

そこから得た結論は——

- **ツキのない人の努力は、いつまでも開花しない**
- **ツキのない人の努力は、苦しくつらい**
- **ツキのない人は、いずれ努力することに疲れる**
- **ツキのない人は、やがてツキのない人生に納得してしまう**
- **運のない人は、不運が当たり前になってしまう**
- **運のない人は、不運の枠の中で物ごとを考えるようになる**
- **運のない人は、不運を美化し、ますます不運になっていく**

ツキがない、運がないとはこういうことである。その人たちはやがて、夢を持つこと、願望を抱くことさえしなくなっていく。

だから努力なんてバカらしい、する必要もない――そんな非道徳的なことを述べたいのではない。努力は尊い。しかし「努力は必ず報われる」は、真っ赤なウソだ。必ず報われるわけではない、にもかかわらず努力する。おそらくそこに、人間としての尊さがあるに違いない。尊敬される人になりたいのなら、それもいいだろう。しかし私たちが目指しているのは、夢の達成であり、自己実現である。

たった1人の苦しい限界

「自分はこんなに努力している」と思うのは、ツキのない人間と決まっている。なぜなら私たちの頭にインプットされている先入観のひとつに、「努力は苦しいものだ」という誤解がある。だから、「私は努力している」などというのは、苦しい、苦しくてたまらないと告白しているようなものだ。

一種の〝マイナス思考〟がそこに隠れている。努力が報われそうにないときか、努力がイヤになったときである。

「努力しよう」と思うときは、成功できない

したがって、「努力しろよ」とか「頑張れ」という励ましも気をつけてほしい。その言葉には、「努力しないから、お前はダメなんだ」「今のままではきっと失敗するぞ」という、恐ろしいマイナス思考がしばしば入り込んでいる。

うつ病がその典型だ。景気の低迷は、うつ病を大幅に増やしたといわれるが、この病気は、いわゆるバーンアウト（燃え尽き）のひとつで、努力したり、頑張ることが好きな人ほど陥りやすい。うつ病の人に対して、「頑張れ」とか「しっかりしろ」などの励ましが絶対にタブーとされているのも、それらの言葉に潜んでいるマイナス思考が患者をいっそう追いつめてしまうからだ。

ツキや運には次のような原則がある。

自分の力だけに頼る者は、ツキや運をつかみ損ねる

どんな夢も願望も、自分1人の力では決して実現できないのである。

成功というと、私たちは個人的な達成と考える。これが大変な誤解で、個人の能力でできるこ

となどたかが知れていて、たった1人では会社も起こせないし、相手がいなければ物を売ることもできない。子どもだって、たぶんつくれない。にもかかわらず自分1人で何とかなろうとする人が、1人で努力し、1人で必死に頑張ったその結果、うつ病のようなバーンアウトに陥ってしまう。心の病が起こるのは、常に人が孤立したときだ。

ツキや運は、自分の努力ではつかめない。他人が与えてくれるものである。自分の力だけに頼ろうとする人間は、結局ツキや運をつかみ損ねることになる。

成功者のマネという成功への近道

さて、これまでの話からわかったことは、人はどんなに頑張っても、自分の力だけでは成功できないということだ。成功するには自分以外の力の助けが必要だ。それがツキであり、運である。

ツキがあるというのは――

・何をやっても、面白いようにうまくいく
・ツキや運のある人間と自然と知り合いになる
・夫婦関係や人間関係が不思議とうまくいく
・努力しなくても、運が向こうからやってくる
・いつもワクワクしていて、よいアイデアが次々とヒラめく

まさにいいことずくめのこのようなツキを、どのようにしたら自分のものにできるかというのが、ここからのテーマになる。

私どもの能力開発研究所には、プロのスポーツ選手やビジネスマン、経営者、あるいはアマチュアスポーツの指導者など、さまざまな職業の人、立場の人が相談に訪れる。ただし絶好調にある人が、わざわざ相談に来ることは少ない。研究室のドアを人がはじめて叩くときは、たいてい調子が悪いと決まっている。

たとえば、柏レイソルのフォワードとして活躍する北嶋秀朗君が最初に相談に来たのは、サテライト（プロ野球でいうファーム）暮らしが3年目に入ったときだった。高校生のときから抜群の注目度で、レイソルにも鳴り物入りで入ったにもかかわらず、鳴かず飛ばずという状態が続いていた。ツキのない人は、ツキのない〝気〟を発しているものだが、そのときの北嶋君は完璧にツイていない空気を漂わせていた。182センチもあるその体まで、妙に小さく見えるのである。

ところが、数時間ほど面談して、部屋を出るときの北嶋君はまるで別人だった。ツキのない〝気〟

誓いを新たにする北嶋選手と著者（右は松木トレーナー）

が、ツキのある〝気〟に一変し、体まで堂々として見える。

――と、このようにいうと、大げさに聞こえるかもしれない。しかし実際、3か月後には監督の目にとまり、念願のトップチーム入りを果たすツキが回ってきた。と思ったら、5試合連続ゴールという偉業をあっさり成し遂げてしまう。翌年はレギュラーとして定着。3年間サテライトでくすぶっていた人間が、アジアカップの日本代表に選ばれ、さらにJリーグの得点王まで争うところまでいく。

いったいどのような魔法を使って、私は北嶋君のツキを変えてしまったのか。

ツキを変える基本は次の2つである。

・自分自身を知ること
・成功者のマネをすること

まだ成功していない。これは、自分に何か問題があることを意味する。必死で頑張っている人が、なぜ成功できないかといえば、自分の問題に気づかない、あるいは気づこうとしないからである。「頑張る」とは、別の見方をすれば、自分の方法に固執することだろう。つまりどんなに頑張っても、決して成功しない方法で懸命に頑張ってしまう人が非常に多いということなのだ。

したがって、潜在能力の開発は、まず自分を知ること、自分に気づくことから始まる。自分の問題点を知るために、たとえば私どもの研究室ではメンタルチェックや性格分析、モチベーションチェック、PAC検査（眠らせている能力の検査）などの方法を用いている。それによって自分の問題点が明確になると、人は一気に変わる。目の前の現象（結果）に左右されず、本質（原因）をしっかり見据えられるようになるからだ。

2番目が、成功者のマネをすること。私が、北嶋君にどんな指導をしたかといえば、決して特別なことではない。具体的にはシステム化されたさまざまな方法があるけれど、簡単にいえば、「成功者のマネをしてしまえ」に尽きる。

ゴルフも自己流では上達しない。ゴルフ習得の一番の近道は、最初からレッスンプロに付いて、基本をみっちりマスターすることだ。ツキや運をつかむのも、それとよく似ている。自己流で闇《やみ》雲《くも》に頑張るより、ツキの波に乗った人、素晴らしい運を味方につけて活躍している人たちのやり方を、そのままマネればいい。じつに簡単である。マネる相手さえ間違えなければ、イヤでも成功してしまう。

こんな簡単な方法に、なぜみんな気づかないのか。自分の力でどうにかしようと、必死で頑張っているからである。頑張るほど、これまでの方法から離れられなくなるのである。

成功者だけが持つ4つの共通点

潜在能力開発の大原則は、「成功者のマネをしろ」だ。それには、成功者の思考や感じ方のクセ、行動パターンなどを知らなくてはならない。たくさんの本を買い込んで、成功者たちの思想や行動を研究しなければならないのだろうか。そんな必要はない。というのも、あらゆる成功者に共通する特徴を、すでに私が整理しておいた。

自己実現の人生を歩む人と、歩めない人――その違いはどこにあるのか。成功した人には素質があったからだ、能力に恵まれていたからだ、頭がよかったからだ、お金があったからだとほとんどの人は考える。しかしそれらは、明らかに間違いだ。素質がなくても、能力がなくても、頭がよくなくても、お金がなくても……何もないのに成功してしまうのが成功者である。

成功した人間には、ジャンルに関係なく、次のような4つの共通点がある。

- **「とんでもない夢」を持っている**
- **「強い熱意」をあきれるほど長く持続する**
- **「徹底したプラス思考」の持ち主である**
- **「ツキのある人間」が集まってくる**

とんでもない夢を持てる成功者

夢がなければ、それを実現させることもできない。当たり前だと思われるかもしれないが、ここにじつは成功のカギがある。

なぜこれがカギになるかというと、夢を持たない人がそれだけ多いのだ。正直にいえば、この本の読者も7～8割は、実現すべき夢を持てないタイプの人間だろうと私はにらんでいる。それというのも、こんな難解な本を読んでみようなどと考える人には、間違いなく優秀な頭脳を持った人間が多いからだ。

頭のいい人間ほど、成功するのが難しい

これは皮肉でも冗談でもない。エジソンをはじめとして、本当の成功者には落第生が少なくないが、学校教育の枠組にうまく適応し、ちゃんといい成績をとれるような優秀な頭脳は、「成功しよう」とか「とてつもない夢を実現しよう」とかはあまり考えない。「オリンピックで金メダルを取りたい」とか「プロ野球の大スターになろう」などというバカげた望みは持たない。確率的に考えれば、ほとんど可能性がないからだ。

ところが、そういう理屈や数値、論理的な分析などおかまいなしに、夢の実現を信じてしまう頭の悪い人たちがいる。42・195㎞を走りきり、割れんばかりの歓声の中を、真先にシドニーの陸上競技場に入ってくるのは自分だとか、並いる強打者を押さえ、7年連続のリーディングヒッターに輝いて、〝プロ野球のスター〟という少年時代の夢をかなえたばかりか、野球の本場アメリカでも期待通りの活躍をしてしまう。そういう非常識極まりない人間がいる。

成功者とは、確率など無視してかかる非常識な人間であり、誰が考えても「できるはずのない」ことを、「できる」と思ってしまう錯覚人間である。

一方、99パーセントの常識人は、錯覚を持たない。いや、持てない。頭がいいので、たくさんストックしてある過去のデータベースを参照し、それが素晴らしい夢であればあるほど、かなうはずがないことを理解しているからだ。

私のデータベースにも、破れ去った錯覚が数限りなく記憶されている。

「クラスでトップの成績を取る」(かなり努力したけれど、学業優秀な兄にバカにされる点数しか取れなかった)。「あこがれのSちゃんとデートしたい」(デートどころか、口をきくことすらできなかった)。「○○大学に現役合格する!」(私が入れなかったその大学に通う兄が、どんなにうらやましかったことか)。「世の中にこんなにやさしい女性はいない」(これについては、口をつぐんでおくのが賢明だろう)……。

最後の錯覚は別としても、データベースから出てくるのは、挫折の話ばかりである。過去のデータに照らし合わせてみる限り、自分の夢などかなうはずがないと結論づけるのが妥当だろう。

常識的な人間の思考には、無意識のうちにそうした思いが働いている。怖いのは、それが無意識に働くことだ。夢を持ちたくても、未来をプラス思考で考えたくても、それが働いてしまう。夢があっても本気で信じられないし、真剣に願望を抱くこともできない。

だからこその99パーセントなのだ――

・願望がないと、頑張る意味がない
・願望がないと、我慢のできない人間になる
・願望がないと、根性のない人間になる
・願望がないと、行動することがつらい人間になる
・願望がないと、仕事がつまらない人間になる

強い熱意を持続できる成功者

成功者の第2の共通点としてあげられるのは、「熱意」だ。しかし、ただの熱意なら、99パーセントの凡人でも持つことができる。何かの目標に向かって、熱く燃え上がった記憶が誰にもあるだろう。しかしそれが、もう記憶の中に見つからない。もう冷めてしまっているところが、99パーセントが、99パーセントでしかないゆえんだ。

成功者といわれる人たちは、その熱意をいつまでも強く保ち、激しく燃え続けることのできる驚異的な持続力を必ず持っている。プロ野球でもJリーグでも一流選手の特徴は、火のように激しく燃えるその熱意だ。ビジネスや政治、アート、学問研究、芸能、技能、受験、どの世界でも熱意を持続させた人間が勝ち残っていく。

凡人は、それができない。長く保てても3か月。「五月病」という言葉があるように、希望に燃

え、胸を張って入った学校や会社でも、ひと月たつかどうかでもう熱意を喪失してしまう。熱意にあふれた状態、あのウキウキワクワク感を持続するだけで成功してしまうのに、それを3か月間維持できる人さえほとんどいない。

なぜなら凡人は、優れた適応能力を持っているからだ。

甲子園出場を狙う野球部に依頼され、メンタルトレーニングの指導に行くと、弱いチームほど適応能力を存分に発揮している。「県大会でベスト4以上に進んだことがない」とか「うちにはいい選手が集まらない」という現実に、すっかり順応している。そこに意識改革を起こさせるのが、私の仕事ということになる。

企業の幹部教育に呼ばれて行くと、そこも同じだ。景気の悪さ、業界の不振、会社の体質といったものにそれは見事に適応し、順応している。

熱意のない人間ほど適応能力に優れている

なぜ1パーセントしか成功者になれないのか。人が何かの夢を実現しようと思ったら、夢にとって逆境でないような現実はどこにもないということだ。力不足でないような自分など、決してあり得ないということだ。

適応能力の高い凡人は、そういう逆境や自分の力不足と出会うたびに、「こんな環境だから仕方ない」とか、「自分なんて、どうせこの程度だろう」と素直に順応できる。ところが、適応能力が著しく劣っている成功者は、どんなひどい状況にいても、目の前の逆境や、力不足である自分に順応できない。逆に、夢や願望を実現するという熱意をいよいよ強く持ち、やがて環境や自分を変革してしまう。

徹底したプラス思考になれる成功者

プラス思考が重要なことは、多くの人が語っている。

取引先の企業に、新しい事業展開を提案しようという商社マンのB氏。「俺の考えた企画だから、間違いなくヒットする」というプラス思考で、プレゼンに臨んだ。このプラス思考は、売り込もうとする〝商品〟に対する信頼性を高めるだろう。「ダメかもしれない」というマイナス思考で臨んだときとは、大きな違いがあるはずだ。

しかしその段階は、まだ本当のプラス思考ではない。真価を問われるのは、その企画がボロクソにいわれ、ケンもほろろに突き返されたときである。

会社の建物を出るとき、屈辱感と悔しさで涙がこぼれそうになるのは仕方ない。99パーセントの人間は、「自分のアイデアが理解されなかった」「あの担当者の顔はもう見たくない」と思う。

ところがそのB氏は、涙でゆがんだ街を歩きながら、「理解されている」という喜びがしみじみ込み上げてきたという。

「悔しい。しかしあそこまでいってもらえるというのは、大いに期待されているんだ。突き放したようなあのいい方などは、一種の愛情表現としか思えない。この次は絶対にもっと凄い企画を考え、あの人の愛情、いや期待に応えよう」

こんな錯覚を抱けるのは、1パーセントの人間しかいない。事実、彼は1か月後に担当者の度肝を抜くような企画を練り上げ、見事リベンジに成功する。

状況がよくても悪くても、たとえ最悪最低の事態であったとしても、「自分はツイている」と思える人間がいる。錯覚であろうが、誤解であろうがおかまいなしに、何でもかんでもプラスに考えられる。

凡人である99パーセントは、「それじゃ単なるバカじゃないか」と思うかもしれないが、どんな分野でもトップに立つのは、間違いなくそうした連中なのだ。大スターになるような女優は、先輩のイジメに泣かされるときも、「私の美しさが、私の才能がみんなを嫉妬させるんだ」と平気で思うことができる。

だから、「プラス思考が大切だ」「プラス思考になれ」と誰もがいう。それを信じて、プラス思考になろうと努力している人も大勢いる。

その努力に水をさすつもりは少しもないが――

ツキのない人間ほど、「プラス思考になろう」「プラス思考でなければいけない」と努力している

皆さんも体験的に理解していると思うが、プラス思考は、なろうとしてなれるものではない。思っただけでなれるなら、日本中が成功者であふれている。

なぜプラス思考が難しいかというと、私たちの思考は、思考だけで独立していないところに原因がある。思考は感情に従って動いている。気持ちがマイナスになっているのに、思考だけをプラスにチェンジすることはできない。感情が「イヤだ」といっているのに、頭だけで「ラッキー!」「チャンス到来!」とは思えないのである。

「努力しよう」「頑張れ」という言葉には、マイナス思考が潜んでいるのを見てきた。じつは、「プラス思考になろう」という発想にもマイナス思考が隠れている。マイナス思考の強い人間ほど、プラス思考になろうと努力するものなのだ。

では、どうしたらプラス思考が自然とできるのか。「プラス思考になれば成功できる」「幸せになれる」と説く人たちも、それについては黙して語らない。意地悪だからではないと思う。たぶん知らないのだろう。そこで、私たちは1パーセントの成功者のマネをしつつ、簡単にプラス思考になる方法を探っていこう。

ツキ人間に囲まれる成功者

この章の最初で、ツキをチェックする質問に答えてもらった。質問の中に、「まわりにツキのある人間がいるか」「ツキのある人と付き合っているか」という設問があったのを覚えているだろうか。これが、非常に重要なポイントなのだ。

というのも、成功する人間のところには、なぜかツイている人間が集まってくる。夢というのは、自分1人の力では実現できないと前にいったが、成功とは、そこに集まった人々のツキと運の集積である。そういうツキ集団が世の中を変革し、動かしていく。ホンダやソニーをはじめとして世界的な企業の創業期を見ると、ツイている人間の集まりが生み出す、熱にうかされたような、すっかり図に乗ったような、不思議なエネルギーが満ちている。

私の知り合いに友人5人でベンチャービジネスを起こし、5年後に1人の月収が1000万円を突破するほど成功した例がある。そこにも不思議なエネルギーがあった。1年目、2年目は、給料も出せないほどのどん底だった。

しかしそのどん底でも、「俺たちにはツキがある」「成功できる」と錯覚し続けた彼らは、いずれ自分たちが夢を実現したときは、成功談のエピソードとして、この貧乏生活を面白おかしく披露できるじゃないかといいながら、励まし合ったという。

ツキのなさ、運の悪さは伝染《うつ》る

1人では間違いなく耐えられない。ツキはツキに支えられ、運は運を支えるのだ。

ところが、逆もまた真なりで、ツキのない人のところには見事にツイていない人たちが集まってくるから不思議だ。

たとえば、私の父である。マジメさと勤勉を絵に描いたような大変な努力家で、ツキとか運などという、わけのわからないものは徹底的に嫌っていた。69歳で他界したが、一生涯コツコツと努力し続けた。

正義感が強く、弱い者の味方で、体制には絶対にくみしない人間だった。類は友を呼ぶといおうか、この父のところに集まってきたのが、やはりツイていない人たちだ。夢や、実現したい願望を語るのではなく、「世の中が悪い、社会が悪い」といい合い、酒を飲みながら否定的な話で盛り上がっていた。

もちろんみんながみんな、最初からツキや運に見放されていたわけではないだろう。将来を嘱望された人もいたに違いない。確かにいたはずだ。しかしツキのない人間と付き合い、ツキのない話をしているうちに、そういう人もツキのない人間になっていく。

だから付き合う相手には、極力気をつけなければならない。ツキのない人と一緒にいると、ツキや運がなくなる。知らないうちに自分もツキのない考え方や感じ方になり、徐々にツキから見放されてしまう。

・ツキのない人といると、ツキのない考え方になる
・ツキのない人といると、不満だらけの感じ方になる
・ツキのない人といると、ツキのない友がたくさんできる
・ツキのない人といると、ツキのないことが当たり前になる
・ツキのない人といると、ツキのある人間が悪者のように思えてくる
・ツキのない人といると、運は一生めぐってこない

このような現象を私は、「感応現象」「同化現象」と呼んでいる。もちろんツキのある人、ツイている人との付き合いにも、「感応現象」「同化現象」がある。だからツイている人は、ツイている人と付き合い、ますますツイている人間になっていく。

よくなるにせよ悪くなるにせよ、ツキと運は〝出会い〟である。

「ツイている人と付き合え」――これも誰もがいうことであるが、「プラス思考になれ」と同様、この言葉も不親切だ。

どんなに付き合いたくても、ツイている人間のほうが、あなたと付き合ってくれるかどうかわからない。

というのも、ツイている人間は、ツイている人間としか付き合わないという大原則があるからだ。上昇気運の者は、上昇気運の者同士で集まり、その相乗効果でいっそういい波に乗るし、不運な者は不運な者同士が寄り集まって、さらにツキのなさと、運の悪さを伝染《うつ》し合う。これが、隠れた社会階層である。

日本は階層のない社会だといわれる。しかし、そんなことはない。あたかも目に見えないカースト制度のように、ツキによる階層が厳然と存在していて、ツキのない人間は、ツキのある人間の社会にはどうしても入れてもらえないのである。

語り合える友と実現する夢

ツキと運をつかむために、成功者の共通点を探ってきた。４つの共通点をあげたが、いずれも能力とか才能とは関係のないものばかりだった。「とんでもない夢を抱く」「強い熱意を持続する」「徹底したプラス思考の持ち主」「ツイている人が集まってくる」。

成功するには、この４つの条件を満たせばいいということになる。

ラクにできそうでもあるし、とてつもなく難しいことのようにも思える。そこで、この条件をもう少し具体的に、もっと身近な表現に変えるとどうなるか――

成功できる人間は、夢を抱き、その夢を語り続け、その夢の話を真剣に聞いてくれる友を持っている

夢を実現させた成功者たちは、みんなこの原則に乗っている。どんな不遇な時代にも、夢を語り合える友がいた。ホンダの本田宗一郎には藤沢武夫がいたし、ソニーの井深大には盛田昭夫がいた。

夢を語りながら、彼らは互いに慰め合っていたのではない。成功をイメージしていたのである。夢を語るほどありありと目標をイメージし、目標へ向かう闘争心がますます燃え上がる。成功するという確信が固まっていく。

これは、最良のイメージトレーニングだ。信頼する友人がうなずきながら聞いてくれれば、喜びも湧いてきて、半分成し遂げてしまったような気持ち――それを私は、「もう、できてしまった状態」「メンタルヴィゴラス状態」と呼んでいるけれど、そんな脳の状態にさえなってくるのだ。感情もプラスになるから、完璧なプラス思考が実現している。そんな人間だけが、どんな逆境の中でもミラクルを信じられるのである。

ところが、ツキのない人間は一生懸命に、逆のイメージトレーニングをしている。

成功しない人間には、不平不満やグチ、悪口、ねたみを語り合う友がいる

不平不満やグチ、他人の悪口を、つい口にしてしまうという人がいたら、今、この瞬間から止めてほしい。酒の勢いでも同様だ。そのたびにマイナス感情、マイナス思考がどんどん強化されていく。夢や願望の実現から、ますます遠ざかることになるからだ。

ツキがないという素晴らしいツキ

ツキのない人間はサイフを拾う、サイフしか拾えないと最初に述べた。しかし世間では淋しいことに、サイフを拾う人間はツイていると思われる。

同様に、サイフを落とす人間はツイていない、これが世の中の常識である。もっとも、こちらの常識は正しい。サイフを拾うのは偶然だが、サイフを落とすのは、サイフを落とすようなツキのない生活をしているからだ。

そんなツキのない人ばかりが、この本を読んでいるとは思わない。今のツキをもっといいツキにしたい、そういう読者も多いだろう。しかし仮にあなたが、サイフを落としたり、仕事で失敗したり、やることなすこと裏目に出て、奥さんにまで、「こんな男《ひと》と、なんで結婚したのだろう」と思われているような、ツキの底値状態にいる人間であったとしても、悲観する必要は少しもないのである。

むしろそのことに、大いに自信を持つべきだ。それというのは、どん底を経験しない成功者は1人もいない。本当の成功者は、必ず一度は不遇時代を体験している。ただ彼らの場合は、底の底であえいでいても、「自分はツイている人間だ」「夢を実現できる」と思えたのである。

それなら、私たちもそう思ってしまえばよい。ツキのどん底――成功者はみんなそれを体験しているのだから、どん底にいるということは、それだけでもうひとつのツキだ。

そう思えたら、しめたものである。間違いなく成功することを私が保証しよう。けれど99パ

（社）日本能率協会で行った「モチベーションと脳の関係」についてのセミナー

ーセントの人は、残念ながらそうは思えない。どんな恵まれた環境にいても、ツイているとは思えずに暮らしているのが、99パーセントの凡人である。

サイフを拾ったことは、ツイていると思えても、奥さんとの結婚や、毎日の生活については、とてもツイているとは思えない。今の会社で働けること、今の上司、今の同僚、今の自分をツイていると思わない。なぜ、そうなってしまうのか。

じつは私たちの心の中には、ツイていると思わせないようにしている〝あるもの〟が存在する。その〝あるもの〟が、ダメだ、できない、ツイていないと思わせる。夢の実現へ向かって進もうとしても、いや、前進しようとすればするほど、〝あるもの〟がヌーッと目の前に立ちはだかる。

それが、「心の壁」である。

仕事の難しさ、上司との行き違い、客先とのトラブル、部下が犯したミス、自分の努力不足など、私たちが「ダメかもしれない」とか「できそうにない」「ツイていない」「苦しい」と思ってしまうそこには、必ず「心の壁」がある。

問題は、その壁が心の中にあるために、自分ではなかなか突き崩せないことだ。だから1人では、どんなに頑張っても限界がある。ダメな人ほど、1人で一生懸命に努力しているのである。

その限界を突破させてくれるのが、出会いだ。ツキのある人と出会い、そのツキや運をもらい、自分の能力以外の力を借りて、「心の壁」を突き崩す。

そこにツキや運の本当の意味がある。

サイフを拾うことではないという意味が、これでおわかりいただけるだろう。

ツキや運というと、世間の人は「偶然」と考える。ツキや運は偶然ではない。生まれつきのものでもない。じつは大脳生理学によって、ツキは科学的に解き明かすことができるのだ。それを解き明かしながら、ツキの大原則をさらに探っていくことにしよう。

第2章

あなたの脳は不機嫌に生きていないか

悪い予感がよい予感に変わるツキの大原則

勝ち組の優れた予知能力

「当たり！」

その声に、「しまった」と思ったけれどもう遅い。「リーチ、ドラドラドラ。おっ、裏ドラも2枚ついて、ハネ満だ」と、得意そうに点数を数えている。

「また、お前か。今日はツイてるなあ」

そういいながらも、胸中穏やかでない。あいつは最近、麻雀ばかりか、仕事のほうでもツイてツイてツキまくっている。先月は、難航していた新規契約を無事にまとめて、みんなをアッと驚かせた。その前は、あいつが提案した販売戦略が当たりに当たって、社長賞なんかをもらったはずだ。近頃では、他の課の女の子まで、尊敬の眼差しであいつを見ている。なんであの男ばかり、こう順調なんだろう。次の人事異動では、きっと大きな差をつけられるに違いない……。

「ええい。一発勝負だ！」

思い切って捨てた牌で、また当たられてしまうのがツキのない人間である。

仕事のできるヤツは、なぜか賭け事もめっぽう強い

仕事のできないヤツは、決まって賭け事も弱い

仕事でノリノリの人間は、賭け事やゲームでも不思議とツイている。これは、その人の頭脳の優秀さとか、研究熱心とはまるで別のことだ。実際ツキがなくなると、これが同じ人間かと思うほど負け続けるからだ。

仕事でツイて、賭け事でもツイて、そんなときは異性にもモテてしまう。毎日が楽しくて仕方ない。そんなうらやましい現象が、彼にはなぜ起こるのか。偶然だろうか。いや、こういうツキは、その人の「予知能力」と深く関係している。

予知能力というと、オカルト的な超能力を連想するかもしれないが、この予知能力は、じつは誰にでも備わっている。昔の人は「虫の知らせ」とか「胸騒ぎ」「正夢」、あるいは「カン」「予感」「第六感」「ひらめき」などといっていた。予感が正しく働いて、未来を思い通りに予知できれば、仕事も勝負事もうまくいかないはずはない。

予知能力なんて非科学的なものは存在しない。そう思う人は、スポーツという真剣勝負の舞台で起きていることを、その目でしっかり見てほしい。そこで活躍しているのは必ず、優れた予知能力、研ぎ澄まされた第六感を持った人種である。サッカーでも、中田英寿のような選手になると、ボールを追って走るのではない。ボールのほうが、中田を追う。そう見えるほど、どこにボ

ールが飛ぶかということが的確に予知されているのだ。

なんだ、予知能力ってそんなものかと思った人もいるだろう。ボールが蹴られる前にその行方がわかるのは練習のたまものであり、確率の問題である、と。

しかし、ここで結論を急ぐ必要はない。ツキと予知能力の関係について、もう少し私の話を聞いてから、結論を出しても遅くはないと思う。

というのも、次のような恐ろしい原則があるからだ。

ツキのある人ほど、自分に味方する不思議な力を感じている

何でも理屈で割り切ろうとする理屈人間は、絶対にツキを逃す

結果が見える一瞬の予感

人材の採用については、企業ごとにいろいろな基準がある。しかし「ツキ」を一番に評価するのは、きっとわが社ぐらいだろう。ツキは伝染《うつ》るから、私のところではツイていない人間は１０

0パーセント採用しない。何を勘違いしたのか、昨年は東大の新卒数人が会社訪問に訪れた。いうまでもなくお断りした。うちの会社もそこまでビッグになったかと喜びかけたが、冷静になって考えれば、いくら就職難でも、わが社のような非上場企業にわざわざ就職を希望するような東大生は、余程ツキのない東大生だからだ。

私は、これまでもツキのある人間だけを採用してきた。それで、いつの間にかわが社にはそれぞれの分野で一流の人物が揃うことになった。

スポーツ選手のメンタル指導、コンディショニングを担当している江﨑史子もその1人で、ソウル五輪の銀メダリストだ。88年にソウルで開かれたオリンピックに、女子柔道48キロ級で出場。並いる強豪を倒して決勝まで勝ち進んだが、中国の李忠雲と対戦した決勝戦では惜しくも涙を呑み、銀メダルに甘んじることになった。

感謝の大切さを全国の子どもたちに話す江﨑史子

李と江崎の実力は、さして違わない。なのに、なぜ勝てなかったのか。彼女は、その原因を自己分析し、「試合の途中で一瞬、闘争心が途切れた」という。

「試合の中盤、『ダメかもしれない』という思いが一瞬、頭の中をよぎった。すると、それまでの『絶対勝つ』という確信が、『勝ちたい』に変わってしまった」

彼女の心に浮かんだ、「ダメかもしれない」。それが予知である。頭を一瞬よぎった予知は見事に的中し、予知通りに江崎は金メダルを逃した。予知通りに、というより、たった一瞬の予知が、自分の願いとは逆の結果を招いてしまった。たぶん、そういったほうが正しいだろう。それまでの闘争心を途切れさせ、敗北という結果をもたらしたのは、「ダメかもしれない」という予知、予感である。

4年間、金メダルを目標にして、高め続け、練り続けてきた闘争心よりも、ほんの一瞬の予感のほうが強かった。ここに、心の恐るべき作用がある。

スポーツの世界では、予感は即座に現実に変わる。短い時間の中で勝ち負けがハッキリと、劇的に現れてしまうからだ。そこでは江崎が分析するように、どんな予感がどういう結果と結びついたかということがよくわかる。歴然としている。しかしその原則は、スポーツに限らない。ビジネスでも受験でも、また恋愛でも同じ原則が働いている。

・この仕事はうまくいかないような気がする→失敗する

・この目標は自分には無理な気がする→達成できない

- **あの大学は受かりそうな気がしない→落ちる**
- **彼女に愛されるなんてありそうにない→相手にされない**

結果をつくるのは予感であり、予知である。

当たる予感とはずれる予感

では、すべての予感が当たるのだろうか。もちろん当たる予感と、当たらない予感があり、不思議なことに、なぜか悪い予感ほど的中する。そんなふうに私たちには思える。

「この仕事は成功しないのではないか」「今日の商談はうまくいかないかもしれない」「この大切な荷物を、この網棚に置き忘れるのではないか」……。

ふと思った、そんなことが現実のものになるのである。

当たってほしくない予感ほど見事に的中する

悪い予感のほうが当たるのには、それなりの理由がある。そのひとつは、悪い予感は努力の必要がない。一方、よい予感が実現するには、何らかの努力が必要となるからだ。

たとえば、私は28年前に、ある女性と出会った。美人であるかどうかはあえていわないが、私にとってはすこぶる魅力的な女性だった。ビビッときた。彼女と結婚するかもしれないな、最初にそんな気がした。

「いや、きっと結婚するに違いない」

当時、どこでもモテモテだった私は、モテる運のすべてをあの頃、使い果たしてしまったのではないかと思うほど、大勢の女性と付き合っていた。しかしビビッときたその日から、彼女たちとはきれいに別れた。そして、猛然とアタックを開始したのだ。さまざまな手を使い、ようやく攻略した彼女が、もちろん今は私の妻である。

あのとき私が感じた、「この女性と結婚するかもしれない」というのは、よい予感である（たぶん）。だから努力を必要とした。恋人たちと決別することをイヤがったり、勇気を奮ってアタックしなかったら、予感は間違いなくはずれていただろう。

もうひとつの理由は、同じように的中しても、悪い予感のほうが記憶に残りやすいのだ。なぜかといえば、悪い予感は多くの場合、身の安全とか生命が脅かされるような、私たちにとって著しく不利益な事態と結びついているからである。自己防衛本能が発動し、そのことをより強い記憶として残す。

だから私たちの脳は、成功より失敗のデータをたくさん持っている。同じように的中しても、よい予感のほうは忘れられてしまう。

予感通り、給料をもらったことを覚えている人がいるだろうか。人が記憶しているのは、予感通り支払われなかった給料のことだ。

できる予感とできない予感

不況とは、悪い予感の集積である。みんながマイナス思考になり、悪い予感ばかりになる。その予感がどんどん的中するから、不況を脱出することがきわめて難しくなる。

そんな中で、よい予感の話を久しぶりに聞いた。財務担当大臣や日銀総裁の談話ではない。阪神球団を退団し、大リーグの「メッツ」に入った新庄選手の「予感」である。

シーズン開幕前、新庄は記者団にこういった。

「大リーグでの初打席はヒットになる気がするよ。これまで、デビュー戦はみんなヒットだったから、ヒットになるんじゃないかな」

これを聞いて、野球評論家やスポーツ番組のキャスターが笑ったのを、私は見逃さなかった。日本でも大した成績を上げなかったこの選手が、大リーグで活躍するわけがない。初打席初ヒットなどと、無責任な大口を叩いていると思ったのだろう。

しかし私は、新庄がヒットを打つことを知っていた。

初打席はどうなると思うかと問われ、「ヒットを打ちたい」と答えなかったからだ。「ヒットになる気がする」「ヒットになるんじゃないかな」。これは間違いなくよい予感である。

案の定、彼はデビュー戦の初打席をヒットで飾った。いわゆるポテンヒットだったが、それをある解説者が、「新庄らしい」と論評していた。

しかし、あれは本来アウトの打球である。それを無理やりポテンヒットにしてしまったのは、「ヒットになる」という彼の予感だ。「打てる」という予感があったから迷いがなく、思い切りのいいフルスイングができた。ジャストミートはし損ねても、しっかりバットを振り抜いたときに、ラッキーなヒットは生まれるのである。

肯定的予知能力が、凡打をヒットに変えた。

予知能力には、肯定的予知能力と否定的予知能力がある。「間違いなくできる」という肯定的な予知能力は、〝できないこと〟さえ〝できること〟に変えてしまう。

一方、「できないかもしれない」という否定的な予知能力は、その人にとって〝できること〟まで〝できないこと〟に変えることになる。「できないかもしれない」「できなかったらどうしよう」「できてほしい」「できたい」……99パーセントの人間は、「できない」を実現するこういう形の予知を得意とし、「できない」を実現してしまうのである。

「悪い予感」をより多く持ってしまった人間が負ける

これが、ツキの原則である。

予感がそのまま結果になる。予知能力が結果をつくり出す。どんなジャンルでも最終的にのし上がっていくのは、このツキの原則を上手に活かした人間だ。

経験の差で変わる脳の錯覚

世の中には科学や常識では理解できない、不思議な現象がたくさんある。その中でも私が一番不思議に思い、奇妙にも感じるのは、「ない人に限って、それを大切にせず、ある人に限って、それを大切にしている」という奇妙な現象である。

たとえば、お金のない人に限って、なぜかお金を大切にしない。逆にお金のある人に限って、お金を大切にしている。だからお金のない人は、ますます貧乏になるし、お金のある人は、そんなに貯めてどうするんだと心配になるほど殖やしてしまう。

友の少ない人は、友情を大切にすればいいのに、そういう人に限って友情を大切にしない。それで、いよいよ友が少なくなる。勉強のできない子ほど、もっと勉強したほうがいいのに、そんな子は勉強せず、勉強できる子に限って嫌味なぐらい勉強する。

同様のことが、セールスマンの成績にもいえる。売れないセールスマンほど、本気で仕事に打ち込むべきである。にもかかわらず、平日の映画館やマンガ喫茶で時間をつぶしているのは、もっと働いてしかるべきセールスマンばかりだ。少しは休んだほうがいいと思うようなよい成績のセールスマンは、決してそんなところに行かない。ますます熱心に働くので、始末に負えないほど成績が伸びてしまうのである。

この不思議な原則が、ツキや運にも当てはまる。

ツキがなく、ツキが必要な人ほど、ツキを大切にしない

ツキがあり、もうこれ以上のツキはいらないと思える人ほど、ツキを大切にする

なぜそうなのか。勉強できない子が勉強しないのは、「勉強してよかった」と思った経験がなく、勉強できるようになった自分が予感できないからだ。売れないセールスマンが仕事に励まないのは、励んで成績を上げた経験がなく、成績トップのセールスマンになった自分を予感できな

いからだ。ツキのない人がツキを大切に思わないのは、ツキとか運などというものはないと考えているからだが、なぜツキや運はないと考えるかといえば、これまでツイてツイてツキまくったという、喜びの体験が一度もなく、ツイている自分がどうしても予感できないからである。

過去に体験したこともないツキを、人は本気で大切に思えるだろうか。本気で信じられるだろうか。新庄にしても、「初打席初ヒット」の予感を持てたのは、「初打席→ヒット」の条件づけが脳にでき上がっていたからだ。ドラフト5位で、高校から阪神に入団した新庄は、初スタメン初打席で決勝ホームランを放ち、華々しいデビューを飾った。

この鮮烈な記憶が、「今回も間違いなく打てる」と脳を錯覚させた。日本での野球経験と大リーグを同列に考えるなど、とんでもなくバカげた錯覚なのだが、その錯覚＝予感が見事に現実化したのである。

つまり予感には、過去の裏づけがある。成功の予感には、成功した過去の記憶データがあり、失敗の予感は失敗の記憶データから出てくる。

天才の予知能力障害

かつて、私を大いに励ましてくれた格言がある。「失敗は成功の母」。若い頃の私はこれを座右の銘にして、何かで失敗するたびに思い出し、自分で自分を慰めた。しかしよく考えてみると、これほどいい加減な格言はない。これが正しいとしたら、今頃、世の中には成功者がひしめいているはずである。というのも世の中の99パーセントの人は、成功しようとして失敗ばかりしているのだから。

現実はどうなっているかというと――

失敗は「失敗の母」

成功は「成功の母」

その理由を説明するのは簡単だ。失敗するほど失敗の記憶データが多くなるから、失敗を予感しやすくなる。失敗はラクラクイメージできるのに、逆立ちしたって成功のイメージは転がり出てこない。「また失敗するのではないか」と、マイナスのイメージトレーニングに集中するから、ものの見事に失敗を実現してしまう。

一方、成功体験が多いほど、成功を予感できるようになる。予感がそのまま結果になるから、そのよい予感がどんどん実現し、とんでもないミラクルを成し遂げてしまう。読売ジャイアンツの長嶋監督が、恐るべき肯定的予知能力の持ち主であるのは間違いないが、それはミスターがプラス思考を心がけているからでも何でもない。若い頃に、たまたま成功が重なったせいで、失敗をイメージできない体質になってしまった。ペナントレースの終盤になり、トップのチームに9ゲームも離されているのに、まだ優勝しか信じられない。一種の予知能力障害、素晴らしい予知能力障害である。

長嶋監督の場合は、もともと記憶データが成功だらけの正真正銘の天才型だ。しかし私たち凡人も、同じような予知能力障害になることができる。

希望的観測と無意識的予感

5周年、10周年、20周年……。その数字が大きくなるほど、男にとって、ある種の覚悟が必要になってくるのが結婚記念日というものである。

「10年なんて、アッという間ね」と、奥さんはいうかもしれない。しかし、そんな単純な感想では決して終わらないところに結婚記念日の恐ろしさがある。「10年なんて」といいながら、心の中では、夫を冷静に値踏みし、この男《ひと》と結婚して、果たして自分はツイていたのだろうかと、本気で考えているに違いないのだ。

「プロポーズのとき、こういったはずだわ」

このてのことになると、女性は驚くほど記憶力を発揮する。

「10年後には独立して、年収は10倍って、確かいったわよね。家を買うなら都心のマンションがいいか、郊外の一戸建てがいいかなんて、調子のいいことといって。今も10年前と同じアパートじゃない」

夫のほうも感応現象、同化現象によって、似たようなことを考えている。「結婚前は、あんなに優しく気を使ってくれたのに」とか、「別人のように肥っちゃって」と、しみじみ感慨にふけるのである。

私の友人があるときこう嘆いた。

「僕が結婚したのは、あんなに肥った女ではない。もっとスリムな女性と結婚したはずだ。これじゃ、まるで詐欺にあったのと同じだ」

それに対する私の答えはこうだった。

「今でも覚えているけれど、君は結婚したとき、今の奥さんの体型をちゃんと予感していたじゃないか」

それというのも彼は、結婚式の二次会で、こんなことを私にいった。

「彼女のお母さんを見ただろう。そのうち彼女も、あんなふうに肥ってしまうのかな」

スラリとしたドレスを着こなした新婦を見て、そのときは「まさか」と思ったが、10年たってみると、友人の悪い予感は見事に的中していた。

未来を創造するのは、一般に思われているような意志とか努力ではない。予感である。10年後、

20年後に現実になるのは、自分が予感した通りの未来である。いかによい予感を持つかが大切になってくる。

今のあなたは、10年前にあなたが予感していた通りのあなたである

10年後のあなたは、今あなたが予感している通りのあなたになる

20年前、私の頭にはフサフサした髪があった。それが、今では無残に後退し、頭の3分の2近くまで額が拡大している。「こんなはずじゃなかった」。鏡を見るたびにそう思う。しかしよくよく考えてみれば、高校生の頃から、「ハゲになったら、どうしよう」「将来は、親父みたいな頭になるのではないか」という不安に脅え、常に心配し続けてきた。その予感通りの頭を、いつの間にか実現してしまったのだ。

このことひとつとっても、未来は間違いなく予感通りになる。

「10年後には独立したい。年収は10倍ぐらいほしい。そのときは、マイホームも手に入れていたらうれしい」

これは予感でなく、希望的観測である。

すでに述べたように、「できる」と「したい」の間には信じられないほどの距離がある。「〜したい」「〜であってほしい」という希望の裏側には、「無理かもしれない」という予感が必ず潜んでいる。どちらが実現しやすいかといえば、表側の意識的希望より、はるかに強力な無意識的予感のほうである。

もし、ツキのない予感、ツキのない無意識しか持てない男と出会い、結婚までしてしまったとなれば、その女性はもともとツキのない女性だったというべきだろう。

「家を買うなら都心のマンションか、それとも郊外の一戸建てがいいか」

そんな言葉を信じてしまったからではない。相手の言葉を信じることができず、よい予感を抱けなかったところにツイていない人間のツキのなさがあるのだ。

もしそれを本気で受け止め、その言葉通りに10年後を予感していたらどうか。男性の言葉は現実になっていただろう。というのも、彼女が成功を予感していたら、2人の心のあり方はまったく違ったものになったはずだ。仕事に対する意欲や情熱はもちろん、貯蓄や倹約の仕方まで違ってくる。

しかし、ツキのない女性は、悪い予感を持つ。「この人じゃできるはずがない」と予感してしまうのである。

もう一度繰り返すが、予感が現実をつくるのだ。

たとえば、あなたは「1年後の自分」をこんなふうに予感できるだろうか。

・今よりも、能力を確実にアップさせている
・今よりも、技術を確実に向上させている
・今よりも、生活レベルを確実に上昇させている
・今よりも、自分の目標に確実に近づいている
・今よりも、確実に自分自身がレベルアップしている
・自分の妻や子供たちを、今よりもっと幸せにしている

自己変革という難題のウソ

正常な頭脳の持ち主なら、これまでの人生で一度や二度は、「自分を変えたい」と真剣に思いつめたことがあるだろう。もっとポジティブな人間でありたい。ちょっとしたことですぐヘコたれたり、テンションが落ちたりしない、メンタルタフネスでありたい。人の心を上手につかめる魅力的な人間になりたい……。

私たちは、今の自分を変革することなしには、どんな願望も実現しないことをよく知っている。なぜなら願望とか目標といわれるものは、私たちの能力を引き上げるために存在するという一面があるからだ。5年後、10年後の目標を実現したければ、その目標にふさわしい自分に、現在の自分を変革していく必要がある。

自分を変える。しかし自己変革ほど難しいことはないということも、私たちは体験的によく承知している。記憶データは、「自分を変えるなんてできっこないさ」と語りかけてくる。

心理学や心理療法の本を開いても、それがいかに困難なことであるかという説明ばかりが延々と続いている。

自分は容易に変えられない。

これは大ウソである。

ツイていない人間は、自分を変える必要があるにもかかわらず、自分は変わらない、変えられないと思い込み、そのうち変わらなくてもいいとあきらめてしまう

ツキのある人間は、すでに充分自分を変えてきたのに、まだ変われる、もっと変われると思い込み、常に自分を変革し続けていく

カルト集団に見る能力開発

世の中には、自分を変えることなど簡単だという人たちがいる。事実、彼らはいともやすやすと人間を変えてしまう。一流大学を優秀な成績で卒業した、まじめな超エリートサラリーマンを犯罪者に一変させることなど、彼らには雑作もないのだ。

地下鉄サリン事件が起きたとき、マスコミでは「マインドコントロール」という言葉が大々的に取り上げられた。普通の若者、それも人並み以上に優秀な若者たちが、無差別殺人を計画したり、実行するような大それたことがなぜできたのか。そういう疑問に答えたのが、マインドコントロールの理論だった。

洗脳という言葉があるように、マインドコントロールとは、マインドつまり心に働きかけるよりも、脳に働きかける技法である。一連のあの事件は、脳に働きかければ、いかに簡単に人間を変えてしまえるか、どれだけラクラクと人を改革できてしまうかということを証明しているのである。

脳に働きかけるからこそ、命の次にお金が大切だったような人でも、すべての財産を喜々としてお布施できる。お布施するのが快感で、お布施せずにはいられなくなる。まわりの人には、気が狂ったとしか見えない。それほど劇的に人間を変えてしまうのだ。

これは凄いことである。理屈や理論でいくら説得しても、そんな劇的な変化は決して起こらない。やる気を出そうと頭でいくら思っても、絶対にやる気は出ないし、プラス思考の人間になろうと決意しても、心で決意するだけでは、絶対にプラス思考の人間にはなれない。

理屈や理論では人間を変革できないのである。マインドコントロールは、脳そのものを標的にし、脳のあり方を変えてしまう。

脳を変えるといっても、むろん開頭手術を行うわけではない。ある手法を用いれば、人間の思考パターンや感情パターン、価値観などはいくらでも変えられる。しかも本人はそのことに少しも気づいていないから、手術よりずっと恐ろしいのである。

マインドコントロールの第1段階には、必ず「揺さぶり」がある。その人が持っている価値観を揺さぶり、それまでの人生における記憶データに基づいて、その人がつくり上げてきたものの考え方、感じ方をまず壊しにかかる。

たとえば、恐怖を与えるという揺さぶりの手法がある。「あなたは3日後に間違いなく死ぬ」と断言されれば、どんな人でも少し不安になる。「このままではあなたばかりか、お子さんまで危ない」。そんなことを予言されると、ますます不安が募る。人間の脳は、理屈では捉えられない予言とか予知などには、からきし弱いのである。

そんなときに、「じつは災いを免れる秘密の方法があるのだけれど、あなたにだけそっと教えよう」とささやかれれば、ホッとしてその言葉を無条件に信じてしまう。

ホッとする、その安心感がきわめて危ない。恐怖によるストレスは人の脳を思考停止に陥れ、正しい判断力を奪う。そうした状況でやさしい言葉をかけられたり、親しげな態度を示されると自己防衛本能がフッと消え、脳はどんなことでも受け入れてしまう無防備な状態になる。そうなると相手の言葉が無意識の中までストンと入り込み、その後の思考や感情に強い影響を与え続けるのである。

だからカルト集団は、厳しい断食を課したり、ハードワークを強制して信者を強いストレス状態に置く。理屈や理論ではなく、脳にじかに働きかける手法で、その人の価値観、生き方を一変させてしまうのだ。

私がこれからお話する能力開発法の手法も、基本は、カルト集団のマインドコントロールと違わない。脳に働きかけ、脳のあり方を変える。ターゲットとなるのは、ツイていない脳だ。それを、ツイてツイてツキまくる脳に変える。〝できない〟脳を、〝できる〟脳に変え、〝つまらない〟脳を、〝ウキウキワクワク状態〟の脳に変えてしまう。その意味で、じつに「恐ろしい能力開発法」なのである。

この恐ろしい能力開発法に、私は『ブレイントレーニング』という名前を与えた。

私が変えた脳の話

25歳になる無名の女子プロゴルファーが、私どもの研究所を訪ねてきたのは1995年8月のことだった。「女子プロ」といえば、ほとんどの人は、華やかなトーナメントに出場し、テレビのニュースや新聞紙面で、その活躍を取り上げられる選手を想像する。しかし全国には約620人の女子プロがいて、そのうちトーナメントに出場できるのは100人あまりの、限られた選手である。

女子プロがトーナメントに出場するには、シード選手以外は、まず地区予選会を勝ち抜き、統一予選会に出場する権利を得なければならない。統一予選会に出場できた120名の選手中、上位30数名が晴れてトーナメントに出場できる。

プロになって7年目の彼女も、もちろんトーナメントを狙っていた。しかし統一予選会では、どうしても30数名のうちに入れない。94年度も資格を得られず、年4回の主催者推薦でどうにかプロの面目を保っている状態だったから、プロの実力を示す年間賞金獲得額も150万円に達しないありさまだった。

こんなプロ生活が6年も続いたら誰でも自信を喪失し、落ち込んでしまうだろう。私どもの研究所で彼女が受けた、スポーツ選手用の「メンタルチェック」「モチベーションチェック」の分析でも、「願望を描けず、夢を持てない状態」という結果が出ていた。つまり、徹底的にツキのない脳になっている女子プロだったのである。

しかし、私どもの研究所に指導を求めてきた。そこに彼女のツキがあった。自分だけで頑張るのでなく、これまでのやり方を変えてみること、自分以外のところにツキや運を探すこと。それがツキをつかむ第一歩だ。

事実、彼女はその半年後には、念願の予選会突破を果たす。それも1位、35人中のトップでクリアしている。ツキの波に乗るというのは、こういうことをいう。「プロ7年目の川波由利がトップで統一予選会クリア!」と新聞にも報じられた。そしてその年、それまでの年間賞金額の20倍近い、2500万円を稼ぎ、獲得賞金上位にランクされ、シード権ももちろん獲得してしまう活躍をした。

たった半年で、なぜ彼女はこれほど急速に変わったのか。プロ7年目にして、ゴルフの技術が急に向上したのだろうか。

むろん、そんなことはあり得ない。それまでのツキのない脳が、ツキのある脳に変わった。ある手法によって、〝できない〟脳が、〝できる〟脳に変わったのである。「今年も惜しいところで涙を呑むのではないか」という悪い予感が、「優秀な成績で統一予選会を突破できる」というよい予感に置き換えられ、トップの仲間入りを果たすことまで、彼女はしっかり予知してしまったのだ。

頭打ちと思われていたプロゴルファーとしての実力が、それによってとんでもなく開発されてしまった。

いったい私は、どんな魔法を使ったのか——

簡単に書き換わる脳の記憶データ

単刀直入にいおう。人間とは、脳に記録された記憶データである。記憶データの蓄積、それが人間である。

たとえばセールスマンにも、トップセールスマンになるという目標を持つ人間と、なりたいけれど、なれそうにないと思う人間、なりたいとも思わない人間がいる。どの職場にも必ずこの3タイプがいる。

私は、ある一部上場企業のサラリーマンだったが、ひょんなことから創業社長に見込まれる幸運をつかみ、20代で支店責任者に大抜擢された。いわば、単なるツキ人間である。だから自慢するつもりは少しもないが、これは破格の昇進であり、全国に数百店あった支店で一番若い支店長だった。

しかし若いときには、破格の昇進などするものではない。私の部下はほとんどが年長で、中には自分の親ぐらいの年齢の人さえいた。まだ経験第一主義の時代である。ツキで出世した若造が、経験豊かなモサたちを相手にどんなに悪戦苦闘を強いられたか。その苦労のほどは、あえて説明しなくても想像してもらえるだろう。年齢、経験、知識というハード面では、年配の部下たちにとても太刀打ちできない。上司としての強権を発動し、強要的なマネージメントを行っても、逆効果になることは目に見えていた。

しかし、心という大切なものがまだ残っていると私は考えた。人間の心に注目し、心理面からのアプローチによって、人を動かし、人の能力を引き出し、職場の成績を伸ばしていく。いわば苦肉の策だった。

けれどツキ人間は、すべてをツキに変えてしまうといったらいいだろうか、それがやがて、『ブレイントレーニング』という方法を見出すに至る、能力開発研究の発端になったのである。以来、私は人間の心の怖さ、恐ろしさ、その意外な強靱さと意外な脆さとを見続けてきた。

トップになろうと全力で走っていた人間が、突然バーンアウトする。バーンアウトしたまま、人が変わったように無気力になり、会社も辞めざるを得なくなるなどという姿を何度も見てきた。抜群の才能を持ちながら、「自分にはできない」と思い、不平不満をこぼしながら、せっかくの人生を送ってしまう者もたくさんいた。

一方では、トップになろうなんて、身の程を知らないヤツだと思うような人間が、たちまち実力をつけ、ツキをつかみ、どんどん昇りつめていく。

その違いは何かといったら、彼らが自分の人生に対して抱く予感が違っていたというだけだった。「できる」と予感する者と、「できないかもしれない」「できっこない」と予感してしまう者。

それが人間を3つのタイプに分けていたのである。

この世には3種類の人間しかいない。「できる」と予感する人間。「できないかもしれない」と予感する人間。「できっこない」と予感する人間である

その予感は、もちろん脳に蓄えられた過去の記憶データから来る。「できなかった」という不快な記憶データを多く持っていれば、当然、「できない」を予感する。自己防衛的な心配や不安が入り込んでいるから、能力が萎縮し、できることもできなくなる。逆に、「できた」という快適な記憶データばかりなら、「できる」脳になり、できる前から、もうできた気がして、心がワクワクしてくる。そのウキウキワクワクする予感が脳を活性化し、能力をぐんぐん引き出し、実際にできてしまうのだ。

人間とは、記憶データ以外の何ものでもない。

このようにいうと、不安を覚える人がいるかもしれない。過去の記憶データがすべてなら、人間は過去に縛られてしまうではないか——。

その通りである。それがツキのない人間の現実の姿だ。

ただし記憶データはいくらでも変わるし、変えることができる。記憶データが変われば、当然予感が変わる。川波由利さんも、それまでの記憶データを徹底的にチェンジすることによって、「できない」脳を、「できる」脳に変え、「できないかもしれない」予感を、「できた」予感に変えている。これが、7年間の念願だったトーナメント出場という目標を、あんなにもラクラクと実現させてしまったのである。

記憶データの変換は決して難しくない。現に私は、言葉も通じない動物の記憶データまで、すっかり変えてしまうという凄い経験を持っている。

その動物というのはネコのミーコだ。

脳が感じる快と不快

私は結婚するまでは大のネコ嫌いだった。ところが、妻と一緒にネコのミーコがわが家に入り込んできた。動物は、大脳新皮質という理屈の脳が小さい分だけ、人間よりも優れた予知能力を備えている。私のネコ嫌いを敏感に察知し、ミーコは絶対に私に近づいてこなかった。ネコ嫌いの人間に近づいたら何をされるかわからないという、自己防衛本能が働くからだ。

同じ屋根の下にいながら、これでは何かと都合が悪い。そこで、ミーコの脳を、私に都合よく変えることを試みた。私のことを大好きにさせようと思ったのである。他人が脳のあり方を変えるのだから、ネコとはいえ、立派なマインドコントロールである。

しかしネコ相手では、「ハルマゲドンが起きても、お前が助かる方法を教えよう」などといっても仕方ない。それでどうしたかというと、まず私のほうからミーコを好きになった。具体的にいうとミーコのエサをあげることにしたのだ。何だか卑怯な気がしないでもない。しかし効果のほどはテキメンで、あれほど私を忌み嫌っていたミーコが、次第になつき、やがて夜は私のフトンに入り込み、一緒に仲よく寝るようになった。

「なんだ、そんなことか」と思わないでほしい。ツキを変える秘訣がそこにある。

嫌いなものが多く、いつも不機嫌な脳ほどツイていない

機嫌のいい脳はツイている

仕事のできない人間は、間違いなく仕事が嫌いだ。仕事が苦しくて仕方ない。女性にモテない人間は、女性と付き合うことが苦手だ。

同様にお金の貯まらない人間は、100パーセント確実にお金を稼ぐことが嫌いである。お金

を稼ぐことは難しく、苦しいことだと思い、お金を稼ぐことに対して脳が不快になっている。

ミーコの脳も、最初私に対して不快になっていた。だから私に近づくことで起こる不快なできごとを予知し、絶対に私に近づこうとしなかった。

私は煮干しを与えることで、私に対するミーコの脳を不快から快にチェンジした。「この人はネコ嫌いだから、そばに行ったら何をされるかわからない」というミーコの不快な予感を、「この人のそばに行けば、食欲が満たされる。やさしくしてもらえる。可愛がってもらえる」という、楽しい予感に変えたのである。

仕事を好きになろう、好きになろうと努力すると、どんどん仕事が嫌いになる

美人と一緒に仕事をするだけで、仕事が大好きになる

パブロフの「条件反射」の応用である。パブロフは、イヌにエサを与える前に必ずベルを鳴らすようにした。エサを見ると、イヌは唾液をたらす。しかし食事の前にベルを聞かせたパブロフのイヌは、エサがなくても、ベルが鳴っただけで唾液を流すようになった。

つまりこういうことだ。「エサ→唾液分泌」という通常の流れを、「ベル→エサ→唾液」という流れに置き換えると、ベルの音がエサをもらえる条件づけとなり、この条件が与えられるだけで、もう唾液を分泌するようになる。「ベル→唾液」という、それまでになかった新しい流れが脳に生まれるのである。

同じようにミーコの脳では、「エサ→嬉しい（快）」という通常の流れが、「私→エサ→嬉しい（快）」という流れに置き換えられ、やがて「私→嬉しい（快）」に変わった。ミーコの脳は、私という条件づけでたちまち快に転換する脳になってしまったのだ。

病気や貧乏、人間関係のトラブルなどで苦しんできた人が、なぜ教祖の顔を見ただけで幸福を感じる体質になるのか。私がミーコに試したのと同じテクニックが使われている。苦しみに耐えきれなくなったとき（宗教団体の門を叩くのは、たいてい苦しみのストレスに押しつぶされそうになったときと決まっているが――）、いかにも怖そうな教祖が、顔に似合わない慈愛あふれる声で、「苦しかったろう。でも、もう大丈夫。私が命に代えても救ってあげるから」というのを聞いたりすれば、とたんに脳が快になってしまう。

マインドコントロールの中には、そういう状況を人工的につくる手法もある。大勢が1人を取り囲み、徹底的に責めて責めて責めまくる。二度と立ち直れないほど責め抜いて、「俺はもうダメだ。生きている価値もない人間だ」と絶望しかけたとき、「いや。わしだけは、あんたの素晴らしさがわかる」と、それまで沈黙を守っていた教祖にいわれたなら、人の脳はほとんど100パーセント快に転換してしまうのだ。教祖のためなら命も惜しくない、殺人でも平気でする人間ができ上がる。

そんなふうに人間が簡単に変わってしまうということが、なぜ起こるのか。じつは私たちの脳には、快と不快を切り換えるポイントが存在する。人間を含めた動物の脳には、本能や感情、記憶ととりわけ深く関係している大脳辺縁系という脳があるが、その中の「扁桃核」という、小さな組織にそのポイントがある（77ページ図）。

私がミーコの脳を変えたときも、カルトの教祖がマインドコントロールで信者の脳を変えるときも、ターゲットになっているのが扁桃核である。

ツキを司る脳の扁桃核

脳の話、というと難しそうに聞こえるかもしれない。しかし、これからする脳の話は少しも難しくない。

というのも、人が難しいと感じるときは、すでに脳がそれを拒絶しているときだ。自分にとって、それは必要でないと脳が判断したときである。人は自分が本当に必要とするものに対しては、決して難しい（＝不快）とは感じない。

「難しい」と人が思うのは、「できなくてもいい」「わからなくてもいい」と心が判断したものに対してだけである

だから、これからの話に難しいところは何もない。たぶんないはずである。

人間の脳を理解するには、3階建ての家を想像すればよい。大きく分けると、脳は3層構造になっていて、1階のほうから、「脳幹」「大脳辺縁系」「大脳新皮質」の順に積み重なっている。脳の話が難しくないというのは、3つの層が、生命の誕生から今日まで、人類がたどってきた進化の道筋をそのまま表わしているからだ。

一番下にある脳幹（反射脳）は、私たちの先祖が、太古の海を魚類として泳ぎ回っていた頃に発達したもので、さまざまな刺激に反応しながら、環境の変化に上手に適応していくための脳だ。生命体にとって最も大切な生命維持の中枢が存在し、自律神経やホルモン系を駆使することによって、呼吸や循環、消化など生存のための活動を巧みにコントロールしている。

やがて、私たちの先祖は爬虫類の仲間となり、海から陸に上った。陸上で飛躍的に活動性が増すと弱肉強食の闘争や、異性をめぐる競争が激化し、脳にも新しい変化が起きてきた。食欲や性欲などの本能、また怒りや不安、好き嫌いなどの感情を発生させる大脳辺縁系（感情脳）が、以前からある脳幹を圧倒するほど大きくなったのだ。

脳の構造

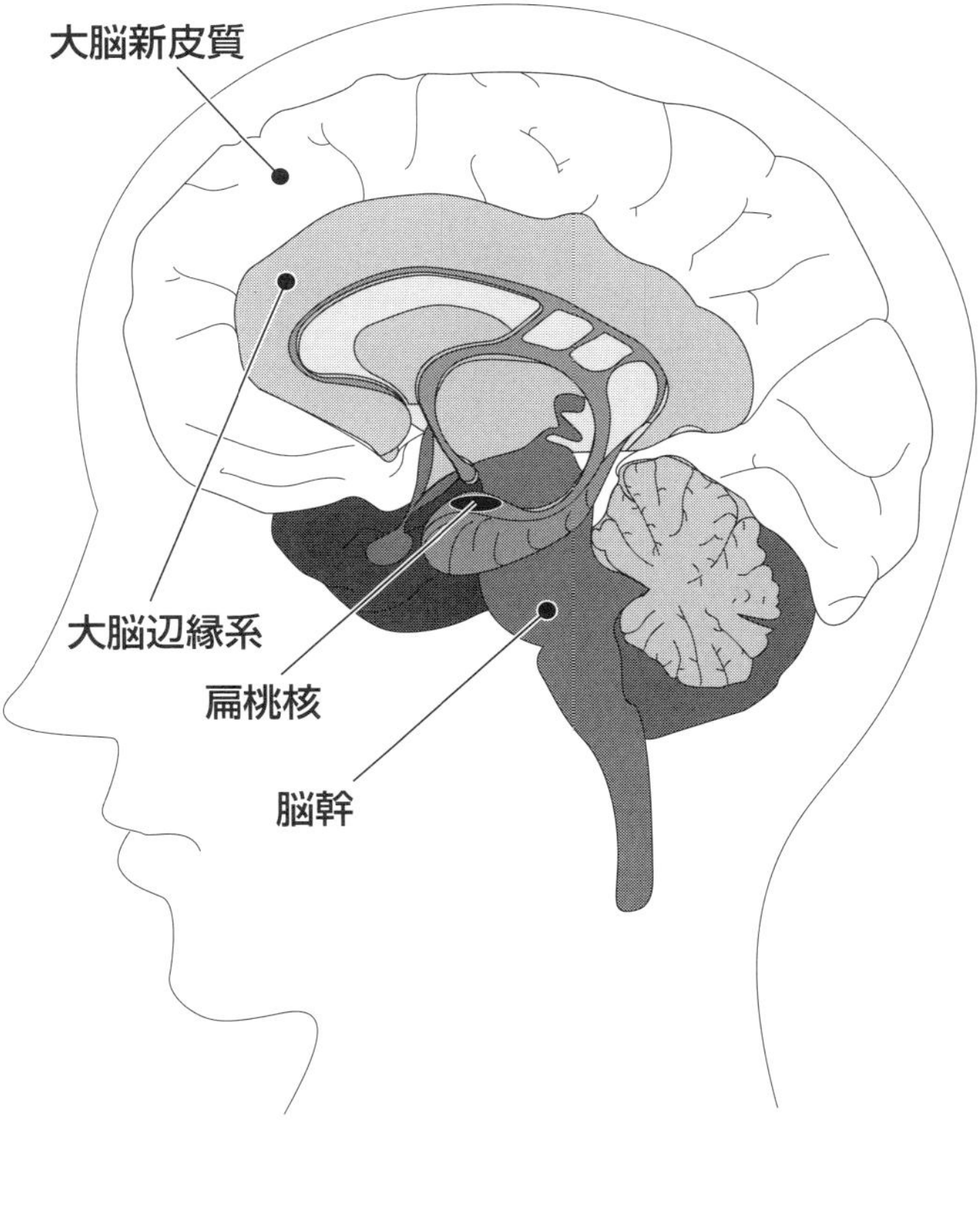

さらに哺乳類になると、知覚や運動、情報交換などの能力が発達し、それまでにあった2つの脳を包み込むように、知的な脳が大きく発達してきた。人間の場合はそれが異常に大きくなりすぎた結果、赤ん坊は脳が未発達のまま生まれるようになったと考えられている。他の動物のように胎内で充分に成長してからでは、大きな頭が引っかかって産道を出られない。一種の未熟児状態で生まれるので、動物の子は生まれてすぐ歩き出すのに、人間の赤ん坊は1年近く親の世話にならなければ、立ち上がることすらできない。そこに人間だけが、「感謝」という感情を持つようになった理由がある。

動物としての存在を危うくするほど巨大化したこの脳が、大脳新皮質（理屈脳）であり、大脳新皮質の発達によって、人類は思考力や判断力、創造力などの人間的な能力を与えられることになったのである。

ツキを左右しているのは、この人間的な理屈脳ではない。〝ツキの脳〟は、扁桃核と呼ばれ、感情脳にある。直径約15㎜、アーモンド（扁桃）の形をした小さな神経組織だ。この小さな神経細胞の塊が、その人のツキや運を決めてしまう。ミーコが、私のネコ嫌いを見抜いたのも、江崎史子が「勝てないかもしれない」と予感したのも、新庄が大リーグ初打席初ヒットを予知したのも、あるいはカルト信者が得体の知れない教祖を信じてしまうのも、みんな扁桃核の働きと考えられる。「考えられる」というのは、直径15㎜という大きさにもかかわらず扁桃核の働きは複雑で、まだ充分に解明されていないからだ。

たとえば、扁桃核は、大脳辺縁系にある「海馬」と連動し、私たちの記憶に強い影響を及ぼすことが明らかになっている。大脳辺縁系と脳幹の中間には〝生命維持の司令塔〟と呼ばれる「視床下部」があり、それが全身の自律神経やホルモン系をコントロールしているが、その司令塔をさらに扁桃核がコントロールしていると考えられるようになってきた。

また、理性や知能、理屈の脳である大脳新皮質や、大脳基底核という運動の脳とも情報を交換し、それらの調節も行っている。

つまり扁桃核という〝ツキの脳〟は、脳の働き全体の中心にあるといっても大げさではない。人間の脳の活動を大きく分けると、①生命維持（脳幹）、②感情・本能（大脳辺縁系）、③知的活動（大脳新皮質）の3つに分類できるが、その要《かなめ》の位置に扁桃核が存在している。こんな小さな神経組織が、なぜ脳の機能の中心に位置しているのか。それは扁桃核の最大の仕事が、危険から自分の身を守り、安全に生存するために絶対必要な、「快不快」「好き嫌い」を判断し、記憶することだからである。

「快」と感じるか「不快」と感じるか、「好き」と感じるか「嫌い」と感じるか、それによって脳全体の働きが、まるで違ったものになる。天才と凡人の違いは、どれだけ好きになったかの違いだ

前著『No.1理論』（現代書林）で、私はひとつの実験を紹介した。サルの扁桃核が食べ物の「おいしい」「まずい」に反応し、「おいしい＝快」「まずい＝不快」が扁桃核の細胞に入力され、そこに記憶されることを確かめた実験だ。しかも、そのデータは一度記憶されてしまうと、永久に変わらないという種類のものではなかった。新しいデータによって、いくらでも書き換えることが可能なのである。

たとえば、それまで大好物だったスイカでも、香辛料をたっぷり塗った、激辛スイカを一度与えられると、サルの扁桃核はそれを記憶し、「スイカ→辛い」が条件づけられる。サルはスイカを見ても、おいしさを予知できなくなり、辛さを予知して嫌うようになる。もしかしたら本当はおいしいかもしれないのに、二度と食べなくなるのだ。

反対に甘いスイカを食べれば、「スイカ→甘い」が脳に条件づけられ、スイカが大好きなサルになってしまう。こうした記憶データの書き換えが、扁桃核の細胞レベルで行われることが明らかになっている。

私をあんなに避けていたミーコが私を大好きになったときも、ミーコの扁桃核では記憶データの書き換えが行われ、条件づけの変化が起きたに違いない。

たった半年で、川波由利さんが大きく飛躍し、トーナメント出場を勝ち取ったときに起きたのも、扁桃核の条件づけの変化だった。扁桃核が「快」に変わり、予感・予知が変わり、ツキのなかった脳がツキのある脳に変わり、一気にツキの波に乗ったのである。

成功のソフトと失敗のソフト

人間の脳には、コンピュータ10万台以上を優に超える能力があるといわれる。10万台のコンピュータを横に連結すれば膨大な長さになるが、私たちの小さな頭蓋にはそれに匹敵するキャパシティを持ったスーパーコンピュータが収まっている。

大切なことは、このスーパーコンピュータがすべての人に、例外なく備わっていることだ。ときには故障もあるけれど、脳というスーパーコンピュータの能力には、それほど大きな個人差があるわけではない。

ところが実際は、人によって発揮できる能力がまるで違う。いかんなく能力を発揮し、夢や願望を着実に実現していく人間もいれば、必死で努力しているのに一向に芽が出ず、成功できない人間もいる。

かと思うと、努力したくてもその努力ができずに、せっかくの能力を埋もれさせてしまう人間もいる。

この差は、脳のデキの違い、ハード的な能力の差ではない。スーパーコンピュータが実行しているソフトの違いである。

成功する人間の脳には「成功するためのソフト」が入っているから、イヤでも成功してしまう

凡人の脳には「成功できないソフト」「失敗するためのソフト」が入っているから、どんなに成功したくても成功できない

世間には成功者の体験談を聞いたり、成功哲学の講演会に出たり、成功のためのマニュアル本なども一生懸命に読んで、何とかして成功する人間になりたいと努力する人がいる。しかしそれで成功できるのは、もともと脳に「成功のソフト」が入っていた人だけだ。そういう人間は、成功者の体験談や成功哲学、成功のマニュアル本からも何かをつかみ取り、より大きな成功を手にするための戦略、戦術を自分のものにしてしまう。

しかし脳に「失敗のソフト」が入っている人間は、成功の話などいくら聞いても机上の空論でしかない。いい話を聞いた、ということで終わってしまう。ときには成功者の戦術だけをマネ、かえって失敗を招くことになりかねない。

なぜなら「成功のソフト」がインストールされた脳は、どんなジャンルでもその人を成功させずにはおかないし、「失敗のソフト」であれば、本人が努力しているかどうかなどには一切おかまいなく、何がなんでも失敗させることになる。

それでは、「成功のソフト」とは何なのか。「失敗のソフト」が入っている脳とは、どのような脳なのか。

人生に差ができる理由

脳をコンピュータのハードウェアにたとえると、私たちの心の動きとか価値観、生き方などはソフトウェアの領分に入る。

ハードとしての人間の脳には、それほど大きな能力差はないと前にいった。これはメーカーがパナソニックでも富士通でもソニーでも、パソコンのキャパシティはまったくといっていいほど違わないのと同じである。パーソナルコンピュータがパーソナルであるゆえんは、そのハードウェアにユーザーがインストールしたソフトによって、まったく同じキャパシティの機械が、まるで違った能力を持つようになり、似ても似つかないコンピュータ世界を創造してしまうところにある。

私たちの能力もまた、人によって著しく違う。またその能力を使って、切り開いていく人生も千差万別で、ひとつとして同じものはない。ウキウキと働いて、世界の未来を変えてしまうような成功者になる人間もいれば、自分のペースをしっかり守り、着実に実績を積み重ねていく者もいる。一方には、何の希望もなく、毎日与えられた仕事をこなすだけの人間もいるし、それさえせずにテント暮らしのホームレスとなったり、中には殺人などの犯罪をおかし、自ら破滅していくような人生を歩む者もいる。

しかし彼らのハードウェアは、そっくり同じである。２００億個の神経細胞という、同じ容量を備えた脳で、３層構造になっているのも同じだ。ただ、それぞれの脳には別のソフトがインストールされていて、脳というスーパーコンピュータが実行するソフトの違いによって、これほど大きな人生の差が出てくるのである。

脳にインストールされたソフトで、人生が決まってしまう

人生が千差万別であるとしたなら、ソフトの種類も千差万別である。しかしそれを大きく分けると、脳というスーパーコンピュータが実行するソフトには、「成功するためのソフト」「成功しないためのソフト」「失敗するためのソフト」の３種類がある。

成功を実現させる3つのスイッチ

いつか成功したい、みんなが驚くような実績を上げたいと思いながら、毎日を何となく過ごしてしまうサラリーマンがいる。その人は間違いなく一生成功できないだろうが、なぜ自分の意志に反して、面白みのない毎日を過ごしてしまうかというと、肝心な脳に「成功しないためのソフト」がインストールされているからだ。

このソフトがインストールされると、どんなジャンルでも、「自分が成功できる」とは思えなくなる。「成功した自分」をイメージできない。「成功の喜び」が感じられない。したがって、「成功」が予知できず、やる気が出ないまま惰性に流されてしまう。

一方、「失敗するためのソフト」がインストールされると、思考、イメージ、感情という脳の働きの基本となる3要素が、いずれもマイナスになる。「とてもできない」と思えるし、「できない自分」がしっかりイメージできる。不安や心配ばかり大きくなるので、「きっと失敗するに違いない」という予知が生まれてしまうのだ。

80パーセント以上の人間は、自分でも知らないうちに「成功しないためのソフト」「失敗するためのソフト」を実行している。

コンピュータ10万台以上に匹敵するもの凄いパワーを持った強力なスーパーコンピュータが、

そのソフトを全力で実行するのだから、それが確実に実現され、間違っても成功するようなことはない。

しかし本人はそのことを自覚していないから、それを他人や環境のせいにし、会社や上司の悪口をいう。サラリーマンの集まる飲み屋に行くと、そういうツキのないサラリーマンがツキのない顔を並べ、盛んにグチをいい合っている。しかし、その間も頭の中では、「成功できないソフト」「失敗のソフト」が盛んに動いているのである。

「成功するためのソフト」をインストールするには、3つのスイッチを「プラス」側にオンにすればよい。思考、イメージ、感情の3つがプラスに切り替われば、脳というスーパーコンピュータは、「成功するためのソフト」を自動的に実行し始める。成功しようと思わなくても、たとえイヤでも成功してしまうのである。

「間違いなく成功する」と思える。「成功した自分」をリアルにイメージできる。「成功の喜び」が感じられる。心がウキウキワクワクし、夢や願望のほうへ現実をぐいぐい引き寄せずにはおかない。モチベーションが高まり、やる気が驚くほど出てくる。脳内の神経伝達物質や脳内ホルモンのバランスが変わってくるから、他のソフトでは考えられないようなひらめき、インスピレーションもどんどん湧いてくるのだ。

3つのスイッチがプラスになるか、マイナスになるか——。そのカギを、扁桃核の「快不快」「好き嫌い」が握っている。

最高のツキを呼ぶメンタルヴィゴラス状態

最高にツキのある脳の状態を「メンタルヴィゴラス状態」と呼ぶ。「ヴィゴラス」という英語は、強健なこと、活気のあることを意味するから、「活動的かつパワフルな心理状態」と訳すことができるだろう。完全なプラス思考、完全なプラスイメージ、完全なプラス感情になっていて、成功する前から、すでに脳は「成功してしまった状態」になっている。成功を確信し、成功をリアルにイメージでき、成功の喜びまで実感できる。私たちの心をウキウキワクワクさせ、持てる能力を最高に発揮させるのがこの心理状態だ。

ウキウキワクワクした快の状態で目標に集中する。そうなると人の能力は100パーセント、いや120パーセントでも150パーセントでも発揮できる。その120パーセント、150パーセントが、次のときは自分の実力に加算されるのである。

そのようにして日本リーグNo.1を10年も続ける偉業を成し遂げてしまったのが、日本女子バスケットボールのシャンソン化粧品だ。私どもが指導に入ったのは、その10年前の1990年。当時は日鉱共石（現ジャパンエナジー）という常勝チームがあり、シャンソンは準優勝に甘んじることが多く、88年、89年は4位、3位と大きく後退していた。No.2の座からも、このままズルズルと滑り落ちてしまいそうだった。

つまり記憶データは、「No.1なんて無理」といい、扁桃核も「優勝するのは大変だ。とても難しい」と感じ、優勝に対して快になれない状態だった。「No.1になりたい」と思う選手はいても、「No.1になれる」と考え、No.1になった自分たちをイメージし、その喜びまで実感できる選手は1人もいなかった。

「将来、オリンピックに行けると思う人は手をあげてください」

指導に入ったとき最初に私はそうたずねた。手をあげる選手はいなかった。日本の女子バスケットは、世界レベルから見るとまだまだ未熟で、オリンピックどころではない。まして、日本リーグで4位、3位に位置する自分たちが出場できるなどとは、誰も想像できなかったのだ。これは彼女たちの頭脳が極めて正常なしるしである。１００人いたら、99人までが賛成するだろう。

しかし私はその場で、「君たちは絶対にオリンピックに出る！」と宣言し、まさしくその通りになった。とんでもなく非常識なことを、平気な顔で口にする私を、一番疑わしそうな目で見ていた一乗アキさんが、やがてオリンピックチームのキャプテンになってしまうのである。

チームの快進撃は非常識極まりないものだった。扁桃核のデータが切り換わり、「成功するソフト」がインストールされて、メンタルヴィゴラス状態になってしまうと、日本リーグでの優勝をもう誰も疑わない。その年のうちに念願のリーグ優勝に輝き、またたく間に破竹の１０８連勝、V7を果たしてしまった。

――と、私はここまでを、前の著書『No.1理論』で報告した。その後もシャンソンは勝ち続け、平成12年度には10連続Vを達成する。10連覇記念の祝賀パーティーで、一乗アキさんが、「前人未到の日本リーグ10年連続優勝ができたのは、メンタルトレーニングのおかげです」と挨拶してくれたときは、私も涙が出るほど嬉しかった。

ところが平成13年、シャンソンはジャパンエナジーに10年ぶりに敗れ、連続優勝の記録は断たれる。ひとつの理由は、選手の世代交代である。一乗さんや加藤さんをはじめとする、主力選手の引退によって、中心メンバーが入れ替わった。これぱかりはどんなチームでも避けられない。だが、それにもまして10連覇達成で目標を見失い、メンタルヴィゴラスが途切れてしまったことが大きいのではないか、と私はにらんでいる。

日本一を10年続ける。これは大変なことである。黄金時代の読売ジャイアンツさえ、V9で優勝を中日に譲ることになった。勝ち続けなければならないというプレッシャーは、一般の人が想像するよりもはるかに重い。その重圧を扁桃核が「不快」と判断するようになってしまうのである。ちょうどそれが、世代交代と重なった。

永久に勝ち続けることは、どんな天才にも不可能なのだから、ここらでひと休みし、新しく出直せばいいだろう。

スポーツの世界はじつに厳しい。小学校や中学校時代から、必死の思いで練習してきた選手たちが、日本一を争う。No.1でなければならない。No.2では意味がない。なぜならNo.2になるのは、敗れた者だからだ。アスリートが闘っている世界は、このように徹底的に過酷である。それに比べたら、ビジネスや受験で成功するなどということは、なんとラクなことか。

サラリーマンがスポーツ新聞などを読みながら、プロ野球やJリーグの選手、オリンピック選手のことを論評している。「こいつは精神力がない」とか「メンタル面が弱いからスランプに陥る」「根性がない」。すっかりスポーツ評論家の気分だ。

しかし私にいわせれば、そういうサラリーマンのほうが、ずっと大きなメンタル面の問題を抱えている。もしそのサラリーマンが、プロスポーツの選手や、オリンピック代表と同じレベルの目標意識、モチベーションを持って仕事をすれば、どんなサラリーマンでも間違いなく社内でNo.1の優秀なビジネスマンに簡単になってしまう。「優秀な人材」「10年に1人の逸材」「天才的ビジネスマン」と評されることは確実である。

では、どのようにして「成功できないソフト」や「失敗するソフト」を、「成功するソフト」に切り換えていくか。プラス思考、プラスイメージ、プラス感情のメンタルヴィゴラス状態になって、最高に能力を発揮し、ツキを呼び込んでいくか。ここからはそれを具体的にお話していく。

第3章

あなたは**金儲け**を難しく考えていないか

イヤでも金持ちになってしまうツキの大原則

金持ちになれない原因

深夜の電車内。40代前半と思われる数人の男性が、酒の酔いも手伝っているのだろう、あたり構わぬ大声で話をしている。

「あいつ、プラチナカードを持ってるらしいよ」

「アメックスのプラチナは、日本に600人しかいないんだって?」

「凄いなあ」

聞くともなしに聞くと、成功した旧友のことが話題になっているらしい。

「年収は1億もあるそうだ」

「2億って、聞いたぜ」

「沖縄に別荘があるってさ」

はじめは友人をうらやむ口調だったが、だんだんその調子が変わってきた。

「あいつが成功するとは思わなかった」

「高校の頃は、あまりパッとしなかったのになあ」

「悪いことでもしなけりゃ、そんなに儲からないさ」

「昔から信用できない感じだったぜ」

しまいにはもうすっかり悪者扱いされていた。

金持ちになりたいか――。100人に聞いたら、100人とも「イエス」と答える。しかし自分以外の他人、中でも友人が金持ちになったという話を聞くと、なぜか間違ったことであるような気がしてしまう。金持ちなんて、真っ当な人種ではない。何か悪いことでもしなくちゃ、そんなに稼げるはずがないのだ……。

この論理は明らかに歪んでいる。しかしその歪みは、成功した人間に対する妬みのせいばかりではない。私たちの心には、お金は汚いものであるという潜在意識が潜んでいて、金持ちになれない自分を正当化しようとするときに、それが知らず知らずに出てくる。

金持ちになれない人間には、お金は汚いという潜在意識がある
金持ちになる人間ほど、お金は素晴らしいものだと思っている

この章では、誰でも大金持ちになってしまうツキの大原則をお話していく。しかしその前に、「お金とは素晴らしいものだ」と思ってもらう必要がある。潜在意識レベルで、そう思ってもらわなければならない。なぜかというとお金は汚いという思いがあれば、無意識のうちにお金に対し

て脳が「不快」になる。もっとお金が欲しいという自分の意志に反して、扁桃核がお金を嫌い、お金を儲けることが何より嫌いになり、お金を遠ざけるように働いてしまう。そういう脳の持ち主は、面白いように貧乏になる。

金儲けが上手な人は、金儲けが大好きで、お金を儲けることはとても簡単だと思っている

金儲けが下手な人は、お金を儲けることが嫌いで、金儲けはとてつもなく難しいことと思い込んでいる

つまり、お金にツキのある楽しい人生になるか、それともお金に困り、一番嫌いなお金のことを考え続けながら一生を終わるか。どちらかを決めるのは偶然ではないということだ。才能でも素質でも、積み重ねた努力でもない。むろん才能とか素質は、持っているに越したことはない。努力も、しないよりするほうがいいに決まっている。しかし決定的なのは、〝お金〟〝金儲け〟に対する脳の条件づけである。

貧乏という名の脳の病気

脳への条件づけしだいで、人は金持ちにも貧乏にもなる。脳に「貧乏」が条件づけられていれば、どんな恵まれた環境にいても面白いように貧乏になる。この人は貧乏が好きで、貧乏になるのを喜んでいるのではないかと思うほど、ひたすら貧乏になるほうへ進んでいく。

・貧乏になる人は、貧乏になるものの考え方をしている
・貧乏になる人は、貧乏になる行動をとっている
・貧乏になる人は、なぜか貧乏な人と付き合っている
・貧乏になる人は、貧乏が当たり前になっている
・貧乏になる人は、自分が金持ちになるとは思えない
・貧乏になる人は、なぜか貧乏を美化している
・貧乏な人は、なぜ自分が貧乏なのか気づいていない

こんなことをいうと驚かれるかもしれないが、貧乏は一種の病気である。明らかに脳の病だ。金持ちになりたいと望んでいるのに、脳の条件づけに間違いがあるために、自分の意志に反して貧乏のほうへ進んでしまうのだ。

ただ、困ったことに貧乏という病気の患者は、脳の病の多くがそうであるように、病識というものがまるでない。自分が病気であると気づかないから、それを治そうとしない。知らないうちにどんどん進行し、やがて手遅れになってしまう。

しかしこの病気は、その気になりさえすればすぐ治療できる。お尻にできたおできの切開なみにアッという間に手術できるから、貧乏な人も心配する必要はない。脳のスーパーコンピュータに入っている「イヤでも貧乏になっていくソフト」を、「イヤでも金持ちになってしまうソフト」と交換するだけでいいのだ。

- **お金は汚い→お金は素晴らしい、夢の実現を助けてくれる**
- **金儲けは難しい→金儲けは簡単で、面白い**

脳の条件づけを変えるだけで、お金にツキのある脳に変わってしまう。

人生を左右する金に対する潜在意識

こういう話をすると、「私は、お金が汚いなどと思ったことはない」とおっしゃる方が必ずいる。いや、ほとんどの人がそうだろう。確かに、自分でもそれと気づく意識としては、そんな恐れ多いことを考えた覚えがないという人が多いに違いない。しかし問題は、自分では気づかない潜在意識のほうだ。自分の意志でどうにでもなる意識と違い、潜在意識の本音はごまかせない。

たとえば、「世の中はお金ではない」という考えがある。幸いなことに、世間の圧倒的大多数はそう考えている。1パーセントの成功者にしても例外ではない。というのも、「世の中は金だ、金しかない」と思う人間は、大きく成功できないからだ。一時的に成功したように見えても、必ず破滅していく。なぜならそんな人間はまわりの人に尊敬されない。一緒に同じ夢を見よう、その夢を応援しよう、とことん支えようという友人ができない。すなわちツキや運に見放される典型的なタイプなのである。

お金が一番大切だと思う人間は魅力がない

真の成功者は必ず、「世の中はお金ではない」と考えている。圧倒的大多数の人が、成功者と同じように、「世の中はお金ではない」と思っている。にもかかわらず、その結果がまるで違うのはなぜか。表面の意識は同じでも、その潜在意識がまったく違うからだ。

「世の中はお金ではない」という考え方は、その潜在意識を探ると、だいたい4つのパターンに分けることができる。

▼「悪いことをしなければ、大きな金は稼げない」

これは、大金を稼いだことがなく、攻撃的なタイプの人たちである。

大金を稼いだことがないので、大金は稼げないものだと脳に条件づけられている。稼げない自分を正当化するために、「金持ちになるのは悪い人間だ」と無意識のうちに考えている。しかし儲けたくて仕方ないというのが本心だから、儲けられない現状に強い不平不満を抱いている。

▼「私にはお金より、もっと価値のあるものがある」

これは、大金を稼いだことがなく、調和的なタイプの人たちといえる。

大金は稼げないと脳に条件づけされ、金持ちにはなれないとあきらめている。「もっと価値のあるもの」とは、そういう自分を正当化するためのすり替えだ。趣味の世界にのめり込むとか浮気に夢中になって、〝死に金〟を使うのがこのタイプである。もともと価値観のすり替えから始まっているから、趣味のほうも大成しない。

▼「お金より、もっと大切なものがあるはずだ」

このタイプは、お金を稼いだ経験はあるが、バーンアウトして今はすっかりあきらめているという人たちである。

人は自分の失敗やバーンアウトを自分に納得させるためにも、価値観のすり替えを行う。貧乏には耐えられるけれど、価値のない自分という思いには耐えられない。ボランティアや地域活動に参加しても、もしそれが代償行為であれば、心からウキウキワクワクすることはできない。

▼「お金より大切な価値を実現するには、お金が必要だ」

これは、大金を稼いだことがあり、今も稼ぎ続けている人たちだ。

同じように「世の中はお金ではない」と考えていても、脳の条件づけがまるで違う。この人たちにとって、お金は手段になる。社会の中で夢を実現し、理想を現実化するために、お金という素晴らしい手段があることをこの人たちは体験的に知っている。

お金があり、しかもお金以上の価値を知る人間は魅力がある

世の中にはお金以上の価値がある。そのことを本当に理解しているのは、大金を稼ぎ、今も稼ぎ続けている人だけだ。次に述べるような理由で、そのような人のところにはお金が自然と集まるようにできている。

だから豊かな人は、どんどん豊かになり、どんどん金持ちになり、逆にお金のない人はますます貧しく、ますますお金がなくなっていく。

金に感謝する幸運の呪文

C氏が、ベンチャー企業を立ち上げたのは20年前だった。薄汚れたマンションの1室に事務所があり、その壁に1枚の山の絵が飾ってあった。「いつもその絵を見ながら、頂上を極める自分をイメージしていた」とC氏はいう。

峻厳な山である。しかし、人を拒むように切り立った山の頂は、そこだけ美しい夕日を受けて輝いていた。

そのイメージ通りにC氏は頂点を極める。業界のトップ企業に昇りつめ、今やいくつもの会社を傘下に置く、企業グループの総帥である。

この人が、20年前から現在まで、必ず実行していることがある。サイフからお札を出すとき、「ありがとう」と心の中で声をかけるのだ。そして、「仲間を連れて、戻っておいで」と付け加えるのである。

「もしこの20年で、多少のお金が貯まったとしたら、この呪文のおかげだ」

C氏は本気でそういう。

金持ちになる人間を見分ける方法は、お金を大切にしているかどうかである

お金を大切にせず、お金に感謝しない人間は、絶対に金持ちになれない

世の中には、大切なものであるはずのお金をなぜか可愛がらない人間がいる。クシャクシャのお札をポケットに突っ込んでいたり、小銭を落としても拾わない。友人に借りたお金を返さないなどというのも、その仲間だ。絶対に金持ちにはなれない運命である。

占い師でもないのに、なぜそんなことがわかるかというと、お金を大切にしない人間の脳には、間違いなくお金に対する「不快」が条件づけられているからだ。彼らはお金を可愛がりもしないし、感謝もしない。そういう人は、お金にも感謝されない。お金のほうもその人間を嫌って、まるで生きもののように遠ざかる。

かつて、ネコのミーコは、私のネコ嫌いを扁桃核で察知し、そばに行けば何をされるかわかったものではないと予感して、私を無視する作戦に出た。私がどんなに「来い」と呼んでも、決して近寄ろうとしなかった。そんな動物なみのテレパシーを、明らかにお金も持っている。そうと

しか思えないほど、お金を大切にしない人間のところには、徹底して寄りつかないのである。

よく、「ラクをして儲けたい」という人がいる。寝転んでいて儲ける方法は、むろんどこにもない。しかし努力せずに金持ちになる方法なら、ある。感謝すること。お金に感謝し、神様に対するのと同じように毎日手を合わせることである。

「感謝」「祈り」などというと、今の日本では笑う人が多い。そんなものは、最初からバカにしてかかる風潮だ。

戦後の日本がアメリカに遅れをとったのは、「感謝」「祈り」を忘れたからであると私は真剣に考えている。世界には数多くの文化があるが、そうした心を大切にしないような文化はひとつとして存在しなかった。なぜならそれらは、人の脳を「快」にし、幸せをつくり出す最も効果的な方法であるからだ。

感謝した者の勝ち

先に感謝してしまった者が勝つ。感謝というのは、脳を「快」にし、ツキを呼び込む究極のワザである。

だからお金に対しても、仕事に対しても、上司に対しても、ライバルに対しても、会社に対しても、妻や子どもに対しても、両親に対しても、何でもかんでも早く感謝してしまえ、と私はいう。感謝したほうが勝ちなのだ。「ありがとう」「ありがたい」「あなたのおかげだ」と、C氏のように心の中で早くつぶやいた人間のほうが勝つ。

「感謝なんて気恥ずかしくて……」という人は、ウソでもいい。本当に感謝する必要など少しもないのである。ウソで充分。そのウソを心の中で、そっとつぶやくだけでいい。人の心はじつに不思議だ。いい続けているうち、だんだん本当に感謝の気持ちが湧いてくる。

さて、お金に感謝する呪文を教えてくれたあと、C氏はこんなことをいった。

「1万円札や5千円札の裏表に、どんな絵が描いてあるか知ってますか。知らないという人がびっくりするほど多い。好きな女性の髪形や服装なら、私たちは知らず知らず目がいく。自然と観察する。デザインにも気づかないなんて、お札が嫌いなんでしょうか」

浪費人間と貯蓄人間

「宵越しの金は持たない」といえば、江戸っ子のきっぷのよさを表わす。稼いだ金は、その日のうちに使ってしまう。明日のため、将来のためにちびちび蓄えるなんて、小賢《こざか》しいことはしないというのがイキな江戸っ子なのだ。その日その日を精一杯生きていた、江戸庶民の心意気が伝わってくるようだ。

しかし、現代は事情が大きく違う。「宵越しの金は持たない」とか「金は天下のまわりもの」などという、カッコいい言葉にダマされると、いずれ痛い目を見ることになる。ものの見事に借金生活に陥り、〝宵越しのローン〟ばかり確実に増えていく。

江戸時代の人々は、士農工商という身分制度に縛られていた。縛られていた、というのは現代人の意見で、じつはそのほうがのんびり暮らせたのかもしれない。

百姓は百姓、商人は商人、武士には武士の暮らしがあり、それを守ってさえいればよかった。その身分を超えるような自己実現は、それがどんなに素晴らしい夢でもタブーとされていた。生活レベルも、明治までの250年間ほとんど変化していない。生活のレベルアップをはかる必要もなく、その日1日のお金があれば充分だったのだ。

しかし現代には身分もなく、自分の未来を自由に思い描くことができる。思い描くことはタダだから、いくらでも思い描ける。

けれど、実際にその夢を実現し、自己実現を勝ち取っていくには「宵越しの金」が絶対に必要になる。

いい換えれば、お金がないというのは、単にお金がない、貯金がないことではない。自分の願望が実現できず、自分の願うような生き方ができないことを意味する。

当たり前のことのように聞こえるかもしれない。しかしそのことを自覚し、意識しながら生きている人はきわめて少ない。

たとえば、貯蓄癖のある人間と、浪費癖のある人間を比べてみよう。そこには、こんな大きな違いがあることに気づいているだろうか。

「浪費癖」のある人は——

- **イザというとき、お金に不安があり、ツキを逃す**
- **イザというとき、妥協して相手のペースにはまる**
- **イザというとき、まわりの人が協力してくれない**
- **そのうち、イザというときがなくなる**
- **そのうち、自分はツキと運がないことに気づく**

「貯蓄癖」のある人は——

- **イザというとき、貯金が勇気を与えてくれる**
- **イザというとき、貯金が安心を与えてくれる**
- **イザというとき、まわりの人が協力してくれる**
- **お金が自信と勇気を持たせ、ツキをものにできる**

お金のない人はイザというとき、肝心なときに、お金に不安があってツキを逃す。何かいい話があっても蓄えのない人は、つい二の足を踏み、せっかくのチャンスを逃してしまうのだ。

金持ちになるための3つの能力

人が成功するには、「①自分を知る」「②成功者のマネをする」という、2つの基本方針が大切であることをお話しした。

お金にツキのある人間になろうとするときも同じだ。漠然と、「金持ちになりたい」と願っているだけでは、何も変わらない。金持ちになった人間の共通点を分析し、自分には何が欠けているかを明確にする必要がある。

金にツキのある人間は、次の3つの能力を必ず持っている。

・稼ぐ能力
・貯める能力
・使う能力

この3つをバランスよく持った人間は、イヤでも金持ちになってしまう。

稼ぐ能力があり、貯める能力もあれば、お金はどんどん殖える。

しかし稼ぐ能力があまりなくて、貯める能力もなければ、お金は貯まらず、その日暮らしの生活になるのは目に見えている。けれど、貯める能力さえあれば、稼ぐ能力は小さくても少しずつ、しかし確実に殖えていく。

稼ぐ能力があり、貯める能力があり、使う能力もあるという、三拍子揃った人間は、稼いで貯めたお金を一気に投資し、さらに資金を大きく殖やすことができる。

「万馬券」を当ててしまうのは、よほどお金にツキのない人間だ

お金にツキのある人間は、「一番人気」を買う

競馬で大穴ばかり狙い、小金を賭けている人間は、決まってお金にツキがない。したがって、万馬券を当ててもアブク銭になってしまう。ツキのある人間なら、確実に勝てるレースに大金を一気につぎ込む。

一方、世の中には困ったことに、稼ぐ能力も貯める能力もないのに、使う能力だけ優れた人間がいる。それというのも私たちの社会は、お金がなくてもお金を使える不思議な社会である。クレジットカードという現代版〝打出の小槌〟が簡単に手に入る。

使う能力だけ突出した人間がカードを利用するようになると、ものの見事に借金地獄に陥る。使うために借りるのでなく、返すために借りるようになり、やがて自己破産にまっすぐ行き着くことになる。

「浪費はやめろ」「金もないのに使うな」と、家族がいくらいっても効果がない。いけないことを一番よく知っているのは本人である。しかしその人の脳には、使うことの「快」ばかりが条件づけられ、稼ぐことや貯めることは「不快」になっている。本人にもどうしようもない。扁桃核のデータを変える以外にない脳の病気なのだ。

私どもの研究所には、MMC（マネー・マネージメント・チェック）という、金銭能力の検査方法がある。毎年大勢の人が検査を受けるが、中には、「このままいくと将来、自己破産する可能性がある」という結果の出る人も必ず何人かはいる。もっともそんな人は、たいていすでに借金で首が回らなくなりかけている。

そういう人間を私はどう指導するか。稼ぐ能力や貯める能力を、いったいどのようにして高めるのか。じつはそれらの能力は、いくつかのサブ能力からなっている。

・稼ぐ能力――願望力・チャレンジ精神・行動力
・貯める能力――ケチ・計画性・分析力・自己管理
・使う能力――明るさ・決断力・勇気・経験力

「稼ぐ能力」「貯める能力」「使う能力」といっても漠然としているが、このように分析すれば、金銭能力を高めるには何が必要であるかがイヤでも理解できる。

小金持ちのすすめ

お金とは本当に不思議なものだ。お金のあるところには、儲けにつながるいい話がどんどんやってくる。お金にツキのある人ばかりが集まってくる。

その逆に、お金のない人のところには儲かる話は絶対に来ない。困ったことにやってくるのは、お金のなくなる話や、いっそうお金に対するツキをなくさせる人ばかりだ。その最たるものが、ネズミ講のようなものだろう。

これはハッキリ断言できるが、ネズミ講に熱中しているのは、まず儲かっていない人であり、間違ってもお金のある人はやらない。冷静に、論理的に考えれば、儲かるはずのないシステムになっているからだ。しかしお金のない人は、お金がないから、あるいは儲かる話などめったに来ないから、お腹をすかせた魚がすぐエサに食いつくように、そんな話に簡単に飛びついてしまう。

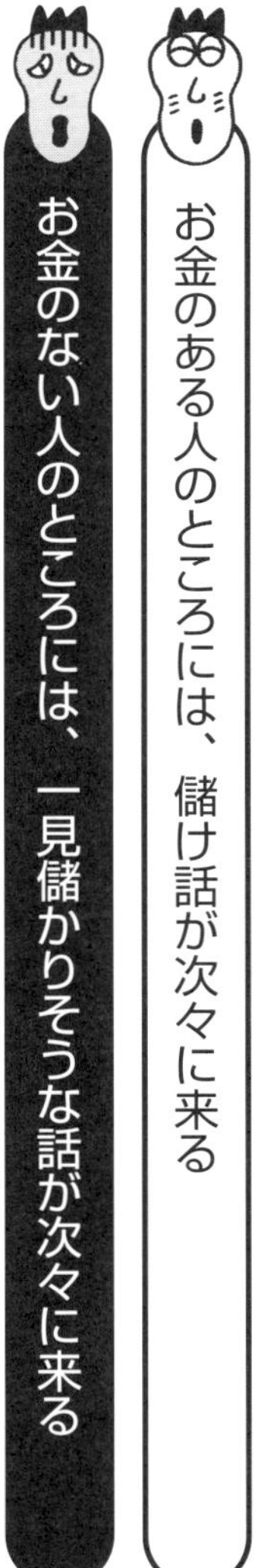
お金のある人のところには、儲け話が次々に来る
お金のない人のところには、一見儲かりそうな話が次々に来る

これがツキというものだ。

だから何が大切かといえば、ケチになること、お金を貯めることだ。まず小金持ちになってしまうことが、お金にツキのある人間になる第一歩なのだ。ケチになり、少しでも貯めることで、お金に対するツキを徐々につけていく、それが大金持ちへの近道になる。

これを読んで、「ケチなんて」と思った人は、貯めるということに対して、まず間違いなく扁桃核が不快になっている人だから注意してほしい。

ケチは、決してしみったれていない。貯まっていないお金に比べると、貯まったお金のパワーはもの凄い。100万円貯まると私たちの脳は、貯まった100万円の3倍ぐらいのことをやすやすとイメージできるようになる。500万円貯まった人は、1500万円程度のことを無意識のうちに考え出す。それだけ願望の器、思考の器が大きくなるのだ。

1000万円貯めた人は、3000万円くらいの夢を平気で見るようになる。5000万円貯まった人は1億5000万。5000万しかないくせに、「1億5000万あったら、こういうことができるな」と、3倍ぐらい大きなことを考えてしまう。

ところが1億以上の資産になると、5倍にハネ上がる。1億円あると、それを5億にするにはどうしたらいいかと考える。イヤでも考えたくなる。10億の資産を持った人は、どうしたらこれが50億になるかと、プラス思考、プラスイメージ、プラス感情で考えるようになり、その方法をワクワクしながら探っている。

お金がある、これはもう文句なしに人間の脳にとって「快」なのだ。

だからとりあえず、運用できる程度のお金を貯めてしまうことが大切だと私はいっている。貯めるといえば、地味に聞こえるけれど、これが金儲けの基本だ。貯めることならタダでできる。もしあなたが20代であれば、何がなんでも、1000万円を貯めてしまうことだ。そうすれば、40代前にそれを1億に殖やす方法がある。

金を貯める秘訣

お金は、ないよりあるほうがいいに決まっている。ところが、日本の家庭や学校では、「お金は汚い」「お金の価値は低い」と、ことあるごとに教えているから、お金に強い人間はめったに育たない。たとえば、アメリカと違い、日本には億万長者になろうというサラリーマンはまずいない。サラリーマンは億万長者になれないのだと、潜在意識がすっかり思い込んでいる。

しかし私にいわせれば、サラリーマンで35歳になっても、1億円の資産すら持てずにいるのは、社会的知性がよほど低い証拠である。普通の人間なら15年も働けば、最低でも1億は貯められる。つまり1億円貯めるということは、それほど簡単だということだ。

そのためには、何歳までにどれだけ貯めるかという、具体的な目標設定が大事になる。「金持ちになりたい」というような、曖昧な願望なら持たないほうがいい。願いがかなわなかったという悪いデータがまたひとつ増えるだけだ。願望は明確な目標として設定されてこそ、モチベーションを高め、潜在能力を引き出す力になる。私たちを目指すところへ引き寄せる磁石のようなエネルギーになるのだ。

新入社員であれば、30歳までに1000万円を貯められるかどうかが、ひとつの別れ道になるだろう。なぜなら1000万円を越すと、お金に対する知性が急に出てくる。貯まった1000万円をどう運用するかという方向に、脳が動き出す。また、それぐらいの額がなければ、まとまった運用はできない経済システムになっている。

じつは人間の一生の中で、20代ほどラクして貯められる時期はないのだ。この年代は、いくらでも恥をかくことが許される。ケチに徹することができる。

私の20代前半は、一部上場企業のサラリーマンだったが、「20代で1億円貯めよう」と考えてケチに徹した。驚異的なケチ人間だった。今は自分のお金で吸うようになったタバコも、もらいタバコですませ、買ったことがなかった。お酒を飲みに行くときはサイフを持たない。それでもそこそこの店で飲み食いできたのは、上司や先輩にゴマをすり続けたおかげである。そんなケチが笑って許されたのも、私が20代前半だったからだ。30歳を過ぎてこれをしたら見苦しいことにしかならない。

男のケチはモテないのではないか、そういう心配は無用だ。同期入社の同僚たちはやれ新車だ、やれ一流レストランでデートだとカッコつけている。しかし中古のカローラでドライブしても、激安ラーメン屋でデートしても、夢を熱く語る男のほうが無条件に魅力的だ。若い女性の扁桃核は、そこに「快」と反応する。

なぜなら彼女たちには、子どもを産んで育てるという大事業が待っている。カッコつけてムダ金を使うよりも、未来をしっかり見据えて、夢を語る男のたくましさに対して、扁桃核は「快」を点滅させるのだ。ついでにいうと、不倫の場合は事情が異なる。未来を見つめる夢など一切不要で、今を満喫させてくれる浪費のほうが「快」になる。

しかし30～40代になると、だんだん競争原理が厳しさを増す。それまでカッコつけて遊んでいた連中も、真剣にならざるを得ない。結婚し、子どもも生まれる。当然、出費もいろいろと多くなる。まとまったお金が欲しくても運用や投資に回す余裕はない。それが多少自由になるのは、50代以降だろう。社会的信用ができ、子どもも成人し、暮らしに余裕の出てきた50代、60代になってから、はじめて運用や投資のことを考える。しかしそれだって、近くに迫った老いを考えると躊躇してしまうというのが本当のところだ。

どういうことかといえば、「給料」という枠の中でしか生きられない、面白みのない人生になってしまうということである。

しかし20代で１０００万円貯めた人間は、30代で「殖やすことを考える脳」になる。１０００万円貯めたら、貯めただけでは終わらない。スーパーコンピュータは、それをどのように運用しようかと具体的に考え始める。

遊んでいた連中が、「貯めなければいけない」と考え出す頃は、もう運用を始めている。運用して得たお金、儲かったお金で、家を購入し、車を買う。400万の車を買うときも、手もとにお金のない人はローンを組んで、わざわざ高い金額で購入するしかない。しかしお金があれば、現金で買える。この差がバカにならないのである。

つまり、「貯める秘訣」はこうだ――

・計画を立てる――いつまでに、いくら貯めるかという目標設定を具体的にする

・使わない――お金を貯める最大の秘訣は使わないことである
天引き預金をすれば、お金はイヤでも確実に貯まる

・ムダを省く――欲しいと思うものの7~8割は必要のないものだ
お金を大切に可愛がらなければ、お金は絶対に貯まらない

・使い方を考える――資産価値のあるものには金利を払い、資産価値のないものは現金で
貯まった1000万円には、「1000万円＋α」の価値がある
あとあと資産となる知識や、人的つながりを得るためにお金を使う

・殖やし方を学ぶ――1000万円貯めると、2000万円は簡単に貯まる
貯まってから、殖やすことを考えることが大切
お金を使うときは、一気に使う
大金持ちを目指さず、コツコツ小金持ちを目指す

より明確になる貧富の二極化

世間では「規制緩和、規制緩和」と、景気回復の特効薬のように騒ぎ立てている。規制がなくなり、自由になるというのだから響きはいい。「自由」とか「愛」と聞いたときと同じように、私たちの扁桃核は「快」と反応する。

しかし繰り返し述べてきたように、「快」「不快」は錯覚に過ぎない。「規制」とは、いい換えれば「保護」のことだ。規制のあるところには必ず保護が存在している。これまでの日本は、そういう規制、保護に守られる形で、世界にも類のない平等社会をつくり出した。日本は社会主義国であるという人もいるぐらいだ。

ここまで私は、「貧乏」という、最近はあまり耳にしなくなった言葉をあえて使ってきた。それというのも、これからは「貧乏」という言葉が再び市民権を獲得する、すなわち貧乏人が増えてくると、はっきり予感しているからだ。

戦後の日本は、「結核」と「貧乏」の2つを駆逐したと思われていた。しかし貧乏がなくなったように見えたのは、日本的な平等主義を守る規制が無数にあったからだ。年功序列や終身雇用などの雇用制度も、それを支えてきたもののひとつである。

ところが今、経済のグローバル化と規制緩和は、そうした平等主義に終止符を打とうとしている。経済活動の規制が撤廃され、外国資本が入り込み、さまざまな保護がなくなれば、金持ちはますます金持ちになり、お金のない人間はさらにお金がなくなるという事態が必ず到来する。そして、恐ろしいほどの貧富の二極化が、これからの日本ではどんどん進んでいくだろうと私は予知している。

最近になって、結核が勢いを盛り返し、流行の兆しさえ見えてきた。それと同じように、貧乏が再び人々を脅かし、苦しめるようになる。これまでの日本にはなかったような、個人レベルの厳しい生存競争が間違いなく繰り広げられるだろう。

だから今こそ、お金にツキのある人間になるチャンスなのだ。ここに述べたのは最低限の方法だが、それを実行すれば、イヤでもお金にツキが出てくるはずである。たとえ金持ちになりたくなくても、それなりの金持ちになってしまう。

しかしそこで終わりではない。稼いだお金でどんな夢を実現していくか。日本人なら誰もが持っている、「お金は汚い」という無意識の刷り込み。それに負けないためには、できるだけ素晴らしい夢、最高の夢を持つことだ。

第4章

あなたは苦労して働こうとしていないか

ビジネスで
面白いほど成功する
ツキの大原則

成功が簡単なサラリーマン社会

世の中に、ビジネスの世界で成功するほど簡単なことはない。こんなことをいうと、毎日額に汗して頑張っているサラリーマンに叱られるかもしれないが、ウソではない。スポーツ選手と比較してみると、そのことがよくわかる。

「あの選手はだらしがない。やる気がない」

「あそこで活躍しないなんて、根性のないヤツだ」

「練習嫌いだから、ここ一番に弱いんだ」

テレビでスポーツ観戦しながら、辛辣に批評する。しかしその選手が嫌いというわけではない。むしろ好きな選手に自分を重ね合わせ、成績不振やスランプを悔しがる。チャンスで三振するなんて、情けない、だらしがない、根性がない……。悪口というよりエールであり、同時に自分自身への叱咤激励でもある。

しかし、相手は仮にもプロだ。ビール片手に好きなことを口にしている、にわか評論家のサラリーマンとは何かが根本的に違う。もしそのサラリーマンが、だらしない選手の半分でも目的意識を持ち、やる気のない選手の半分でもモチベーションを高く持ち、根性のない選手の半分でもプライドを持ち、練習嫌いの選手の半分でも努力していたら、たちまち社内でNo.１のビジネスマンになってしまうだろう。まわりのみんなが目を見張るような、凄い実績を平気で上げる人間になってしまうことは間違いない。

スポーツの世界で成功できるのは、ほんのひと握りの人間だ。高校野球の夏の甲子園だけでも毎年1000人近い球児が出場するが、プロに入れる選手は数えるほどしかいない。野球に青春を賭け、1年中練習に明け暮れてもプロになれない。運よくプロに入っても、それからが大変だ。1軍昇格、レギュラー獲得というハードルをクリアし、さらにスター選手になるのは、気が遠くなるほど困難な道である。

プロの第一線にいるような選手なら、会社近くの喫茶店でスポーツ新聞を広げ、モーニングサービスのトーストをパクつきながら、舌打ちしているサラリーマンより、100倍も明確な目標意識を持ち、100倍も高いモチベーションを持ち、100倍のプライドを持ち、100倍以上努力している。間違いなくツキも100倍はあるはずだ。にもかかわらず、必ずしも脚光を浴びるわけではない。

これに比べたら、サラリーマンの成功などウソのように簡単である。野球なら、日本で1000番目に実力がある人はプロに入れない。ゴルフの女子プロなら、200番目に実力があってもトーナメントに出場できない。柔道や陸上、水泳などの個人競技であれば、その種目で日本のNo.1にならないとオリンピック代表に選ばれない。

しかしビジネスの世界では、日本で1000番目のビジネスマンは大成功者だ。1万人目、いや10万人目のビジネスマンだって、かなりの実力者と見なされるだろう。ビジネスの世界で頭角を現すのは、少しも難しくないということである。あまりに簡単すぎて、悪戦苦闘しているアスリートたちに申しわけない。たとえ100万人目、200万人目のサラリーマンでさえ、プロとしてお金を稼いでしまう、そんな世界なのである。

そこで成功できないとしたら、相当にだらしないサラリーマンということになる。

努力では目覚めない眠れる能力

アスリートに比べ、サラリーマンがいかに能力を開発していないかという話をしよう。

ある大手家電メーカーに勤めるDさんは、課長昇進の辞令をもらい、「会社を辞めようか」と迷うほど落ち込んでしまった。昇進したのだから、大喜びしてもよさそうなものなのに、「課長の職務をこなす自信がない」というのである。

昇進がきっかけとなって発症するうつ病が増えているというが、ひと昔前はそんなことはほとんどなかった。課長になるには課長になるだけの、経験とノウハウの蓄積がある。それがバックボーンとなって、自信を持つことができた。しかし時代の変化が著しい今日では、経験もノウハウもどんどん過去のものになり、そのままでは役に立たない。ということは、自分の才覚が問われるということだ。昇進に際しても、昔よりずっと大きなストレスがかかるようになった。

私が何をいっても、「自分にはできないと思う」「難しい」「そんな能力はない」と、Dさんは繰り返すばかりだった。すっかり自信をなくしている。

しかし人間の能力に関しては、次のような原則がある。

成功できなかった人――能力があると信じられなかっただけ

成功した人――能力があると信じただけ

Dさんにこの原則をぜひとも理解してもらいたい。しかし優秀なDさんの理屈脳は、これをなかなか理解しようとしない。そこで、「PAC検査（Potential Ability Check = 潜在能力検査）」を受けてもらうことにした。

PAC検査は、「想像（Image）」「感情（Emotion）」「思考（Thinking）」「環境（Environment）」「好機（Chance）」の5項目にわたり、その人の潜在能力を測定できる仕組みになっている。別のいい方をすると、眠らせたまま使われずにいる能力がどれだけあるかを調べるテスト、別名「眠らせている能力チェック」である（次ページ参照）。

その結果を見ると、ほとんどの人が80点、90点という高得点を取る。持てる能力をわずかしか

PAC項目	今後のアドバイス
1. 想像	あなたの今のイメージが能力を眠らせています。素晴らしい能力をどんどん眠らせています。能力も発揮されなければただの人です。まず明確な目標を決めましょう。そして、目標を達成しているところを毎日イメージしましょう。プラスイメージがあなたを素晴らしい人材に変えていきます。
2. 感情	あなたは今、マイナス感情のために仕事に対して不完全燃焼の状態なのかもしれません。また、多くの能力を眠らせている可能性もあります。仕事を頑張ることで将来の成功を感じてみましょう。嫌々・ためらい等の否定的な感情とはさよならして、本当のあなたをもっと出していきましょう。
3. 思考	今のあなたは仕事をマイナス思考でとらえています。また、自分の可能性を決めつけているかもしれません。これでは本当のあなたの能力は発揮されません。気持ちを切り替えて曖昧な考えを吹き飛ばし、プラス思考で取り組んでみましょう。可能性にチャレンジです。あなたの将来のために。
4. 環境	仕事する上で、あなた自らが作り出している今の環境は決して良いものではありません。別の環境に自分自身を置くことを考えてみましょう。勇気を持って職務に批判的な人達との接点を断ち、手抜きの誘惑を克服して真面目に仕事するクセをつけましょう。自分を変え、環境を変えるのです。
5. 好機	あなたは仕事で自分をアピールする機会を避けているのかもしれません。今は好機を生かすと言うより、様々な機会に自分から触れることを心掛けるべきでしょう。今やるべきことをやっておかないと後の祭と言うことになりかねません。頑張りましょう。機会はいくらでもあるのですから。

下のグラフはあなたの総合潜在能力評価です。得点が高ければ高いほどあなたに隠された可能性があることを示します。可能性はあなたの財産です。その財産を埋もれたままにせず、自ら発掘することであなたの大きな能力にしていきましょう。

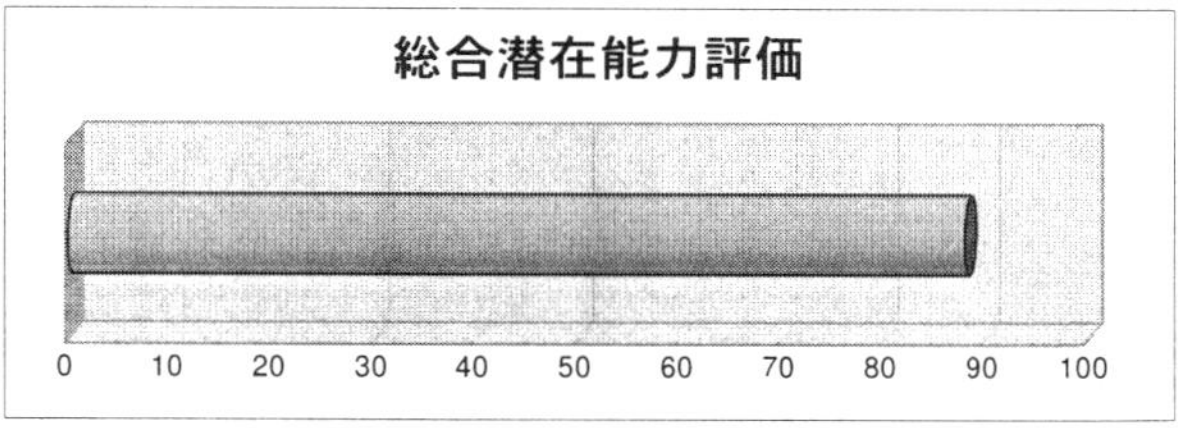

ＰＡＣ（潜在能力チェック）の結果はどうでしたか？　人間の能力は無限にあるものです。
潜在能力とはいわば可能性です。潜在能力を十分に活かせば誰でも天才に近づけます。
尚、ご不明な点等ございましたらサンリ能力開発研究室までご連絡下さい。

SANRI

サンリ東海センター能力開発研究室
静岡県島田市本通1-10-12
TEL 0547-34-1177 FAX 0547-35-6594

いかに眠らせている能力が多いかがひと目でわかるPAC検査の結果

PAC(潜在能力チェック) ビジネス版

所属　サンリ東海センター　　　氏名　能力くん

＜潜在能力（ＰＡ）＝あなたの秘められた能力、眠らせている能力、可能性です＞
Potential Ability Check はあなたの潜在能力を測定・分析しています。
今現在、あなたが眠らせている能力がどれだけあるか、どれだけ可能性を秘めているのかが測定出来ます。人間の能力は無限にあります。ただその能力を自分自身でどれだけ使いきるかによって、大きな差が出来てきます。ＰＡＣでは得点が高いほど、内に秘めたる能力つまり潜在能力が高く、低いほど自分の能力を満足いくほど使っていることを表します。あなたは潜在能力をどれだけ使っていますか?

潜在能力チェック（ＰＡＣ）項目			得点
1. IMAGE	(想像)	イメージがどのくらい能力を眠らせているか	19
2. EMOTION	(感情)	感情がどのくらい能力を眠らせているか	16
3. THINKING	(思考)	思考がどのくらい能力を眠らせているか	17
4. ENVIRONMENT	(環境)	能力を妨げる環境	18
5. CHANCE	(好機)	能力に関係する逃したチャンス	18
総合潜在能力評価　／１００			88

下のグラフは潜在能力チェック（ＰＡＣ）５項目の各要因に対して、あなたの評価をグラフ化したものです。

得点が高いほど、潜在能力を引き出すことで将来のあなたが大きく成長していくことを表します。現在のあなたの状態を知り、秘められた能力、眠っている能力、内に秘めている能力を開花させ素晴らしい能力を発揮させましょう。

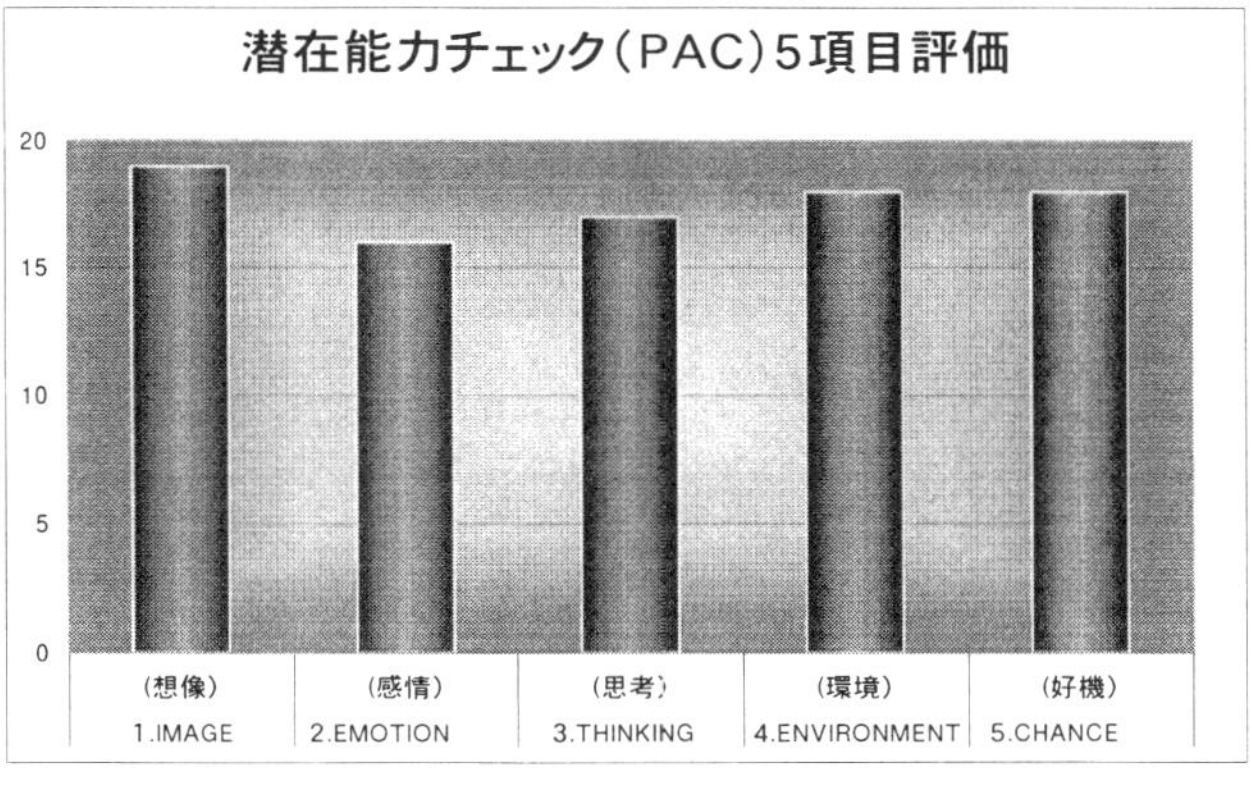

発揮していない人が、それだけ多いということだ。

ところが面白いことに、80点、90点の人たちが、学校でマルばかりの答案を返してもらった小学生のようにニコニコしている。それをまた、「おっ、なかなか高得点ですな」などとうらやましがる人がいる。

能力を発揮していないと指摘されて喜んでいるのだから、たぶん何かの誤解があるに違いないが、そのプラス思考をあえて壊す必要もない。

Dさんの場合も、それはもう見事なほどに能力を発揮していない。

Dさんの名誉のために断っておくけれど、Dさんは怠け者や無気力人間ではない。むしろ、「課長になれ」といわれ、その重責を感じて落ち込むほど責任感があり、大変な努力家でもある。そのDさんまで、なぜ能力を発揮しきれていないのか。

これまで私たちは、能力は努力によって開発されると思ってきた。人一倍努力すれば、人一倍能力が高くなると信じ、努力を続けてきたのがDさんのような人だ。

努力が才能を花開かせる。そう信じているから、親という人種も、子どもに嫌われるのを承知で「勉強しなさい」と口うるさくいってきた。しかし今日からは、その考えを根本的に改めていただきたい。苦しい努力をイヤがる子どものほうが、じつは正しかったのである。

ビジネスマンのプロ化時代

人が成功するには、努力という苦しみが絶対に必要だ。多くの人がそう考えている。私にいわせれば、高度経済成長期の古い考え方である。

戦後の経済成長期、日本の産業社会を支えてきたのは、大工場における大量生産に適したトップダウン式のピラミッド型マネージメントだった。そこでは経験豊かな人間が上に行くという経験主義がモノをいい、画一的な強要指導が行われた。ピラミッドは、形や大きさが同じ石を積まなければ崩壊してしまうから、長所よりも短所に注目する減点主義の評価がなされ、減点主義でふるい落とされなかった者が一番先にピラミッドの階段を昇っていく。

「努力は苦しいもの」という、間違ったイメージを私たちが抱いてしまったのは、強要的なマネージメントのもとで認められるには、自分の長所や特徴を押し殺し、画一的な会社人間になる必要があったからだ。

しかし80年代になると、規格品の時代が終わりに近づく。定められた規格に従って大量生産したものが売れる時代ではなくなる。今日のような消費社会で重視されるのは、量よりも質だ。製造業よりサービス業だ。ハードよりもソフトである。

生産・流通という下部構造が変われば、価値観などの上部構造も変わるというマルクスの予言通り、そこで働く人間の意識も変わってきた。

私はその変化を、「サラリーマン」から「ビジネスマン」への移行と捉えている。

つい最近まで、日本のサラリーマンはわずかな俸禄《ほうろく》と引き換えに、大名に召し抱えられる武士とあまり大差がなかった。武士が主君に仕えたように、サラリーマンも忠誠心をもって会社に勤める。それに対して、会社は終身雇用と年功序列によって、その身分を安堵していたというわけだ。それがいわゆる、「家族的な労使関係」である。

しかし平成不況におけるリストラの嵐は、日本的経営を崩壊させ、家族的労使関係という古い幻想を一気に吹き飛ばした。

これで目覚めなければウソだろう。もはや会社人間的なサラリーマンは通用しない。企業のほうが、そんなサラリーマンは要らないといい出したのである。

自分の目標意識やモチベーションを大切にする自覚的なビジネスマンでなければ、これからのビジネスシーンでは生き残れないと肝に銘じなければならない。この変化を私は、「プロ化」という言葉で表現している。プロスポーツの選手のように、1人1人が自分の目標を設定し、自分のモチベーションを高め、自分のために仕事をする。それが結局は会社にとっても有益であるという時代に、日本もようやく入ったのだ。

有能なビジネスマンは、有能なアスリートが試合や練習を楽しむのと同じように、仕事を楽しんでいるし、面白がって努力している。当然、扁桃核は「快」である。

現在、Dさんは、営業部門で1、2を争う「やり手の課長」と見なされている。課長のイスに座る自信もなかったDさんが、いかにして〝やり手〟に変貌したのか。私が使った魔法はとてもシンプルだ。課長になったら、これまで以上に努力しなければ、苦しまなければ、と思い込んでいたDさんに、仕事を楽しんでしまうコツを教えた。ツイているプロのビジネスマンになるのに必要な、いくつかの方法を指導しただけである。

中身より大切な自分へのレッテル

優秀なビジネスマン、プロのビジネスマンにとって、一番大切なものは何かという質問をよく受ける。国際感覚でしょうか、景気動向を見極める洞察力でしょうか……。私は首を振って、こう答えるのである。「人にどう思われるか、これが一番大切です」。それを聞いた人たちは、目を丸くして仰天する。

私たちは、自分のことを人がどう思うかは気にするなと教えられて育った。他人の思惑、人目を気にするのは、軟弱な人間だといい聞かされてきた。それは〝内実〟というものが信じられた時代のことである。〝内実〟というハードウェアも大切だが、消費社会ではソフトウェアのほうがより重んじられる。中身が同じなら、ときには中身が同じでなくても、ラップのきれいなほうが売れるのである。

実際、ツキや運をつかもうとしたら、他人にどう思われるかが非常に重要になる。何度も述べてきたように、ツキや運は、1人で頑張ってもどうにもならないものだ。ツキも運も、自分以外の他人が運んできてくれるからである。

つまり、どういうことかというと——

自分で思う「中身」より、「評判」のほうが大切である

サラリーマンの中には、一生懸命働いているのに会社が認めてくれないとか、上司がわかってくれないとこぼす人がいる。実力勝負のプロスポーツの世界でさえ、首脳陣が評価してくれない、監督に嫌われたと訴える選手がいる。明らかにツキと運に見放された人たちである。

なぜなら彼らは、「認めてもらえなければ、どんな才能も能力もないのと同じである」という真理に気づいていないからだ。もし本人がいうように、才能や能力があるのに、それを認めてもらえないとしたら、才能や能力がないために当然認めてもらえない人間より、さらにツイていないことになる。ツキと運のない最悪の人間だ。

・優秀なのに、優秀であるという評判にならない人

・まじめなのに、まじめであるという評判にならない人

・**努力家なのに、努力家だという評判が立たない人**
・**能力があるのに、ツキのある人に好かれない人**
・**頑張っているのに、運のある人に好かれない人**
・**正しいことを主張しているのに、相手に理解されない人**

誤解を恐れずにいってしまえば、実際に優秀であるより、あいつは優秀だと思われることのほうが大事である。実際に努力家であるより、努力家だという評価のほうが大切であり、実際に能力があるより、能力がある人間だという評判のほうが重要なのだ。あの人は成功しそうだと思われることが、ツキや運を得る必須条件になる。

なぜかというと、ツキや運は他人が運んできてくれるものだからだ。どんなに優秀であっても、どんなに努力家でも、またどんなに凄い能力があっても、そう認められない人間のところに、わざわざツキを運んでくるもの好きはいない。だから自分に運がないのは、監督や首脳陣、上司、会社のせいだと考えるのは間違いである。〝自分のイメージ〟がすべての原因である。

したがって、自分はツイていない、運がないと思う人は、姓名判断で運勢を改善しようなどと考える前に、まず人目を気にすべきだ。他人の目に自分がどう映っているかを検証すべきである。自分のイメージが悪いことに早く気づき、イメージデザインを早急に変えなければならない。

自分をどんなふうに見せたいかが、〝自分のイメージデザイン〟だ。上司から、どう見られたいか。どう見られるべきか。部下にはどう見られたいか。同僚にはどうか。取引先はどうか。銀行はどうか。また、お客様の目にはどんなふうに映りたいか。

あるJリーグの選手に、私は「決してクサるな」と指導した。「監督の前では、どんなときも元気をアピールしろ。本当は落ち込んでもいい、心ではフテクサレていてもいい。ただ、監督の前では元気をアピールしろ」

その選手はなかなか試合に使ってもらえず、監督との不仲さえ噂されていた。「このチームにいる限り、自分の出番はない」とひそかに思っていた。しかし私が、「クサらない自分」「落ち込まない自分」というイメージデザインをアドバイスした翌週、久しぶりに試合に起用されるというツキがあり、すっかりレギュラーに定着してしまった。

自分をどんなイメージにデザインし、どうプレゼンテーションしていくか。その人の置かれた環境や状況、人生観や価値観によっても違うだろう。しかし、少なくともビジネスマンのプロを志すのであれば、こんな評判はぜひとも欲しい。

・「この仕事は、あの人がスペシャリストだ」という評判
・「あの人は仕事の不平や不満、他人の悪口は絶対にいわない」という評判
・「あの人は仕事に対して積極的で、責任感がある」という評判
・「あの人は期待されている」という評判
・「あの人は頼りになる」という評判
・「あの人は間違った発言はしない」という評判

実際に自分をそう変えようなどと、無理をする必要は少しもないことをくれぐれもいっておきたい。見た目でいい。評判でいい。大切なのは内実ではない。あくまでもラッピングであり、「他人にどう思われるか」が大切なのだ。

しかしスーパーコンピュータである人間の脳は、無意識のうちに他人に貼られた自分のレッテルに反応する。知らないうちに自分をレッテルに適応させていく。そのうち、条件づけられたデザイン通りの自分に、イヤでもなってしまうのである。

ツイている人間との交際術

「ツイている人間と付き合え」——これは、ツキをつかむ方法、運をよくする方法として、誰でもいうことだ。他にいうことがないのかと思うぐらい、みんながみんな同じことをいう。しかしツイている人間と付き合いたくても、付き合ってもらえるとは限らない。

そもそもツキのない人間のまわりには、ツイている人間がいない。ツキのない人のまわりにいるのは、同じようにツキのない者ばかりだ。ツイている人間はツイている人間同士で付き合い、ツキのない人間とは絶対に付き合わない。なぜならツイている人間の扁桃核にとって、ツキのない人間は「不快」でしかないからだ。逆も真なりで、ツイていない人の扁桃核は、ツイている人間を「不快」と感じている。

ツイている人間を見て、「あんなふうになりたい」「凄い」と思う＝ツイている人間になれる要素がある

ツイている人間を見て、「あそこまでやらなくても」とか「しんどそうだ」「イヤなやつだな」と思う＝一生ツキから見放される要素がある

だからツイている人間と付き合いたいなら、ツイている人間に「こいつと付き合ってみたい」「何としても付き合おう」と思わせてしまう自分をデザインしなければならないのである。

成功した人間が、共通して大好きなものが2つある。つまりエジソンも好きで、ヘンリー・フォードもビル・ゲイツも好きで、ケネディも田中角栄も好きで、松下幸之助も本田宗一郎も井深大も、間違いなく大好きというものが、この世には2つだけ存在する。才能でもないし、頭のよさでもない。ツイている人間に、「こいつだ！」と思わせるのは「熱意」と「感動」である。

熱意と感動は、ツイている人間を引き寄せる磁石である

ツイている人間の心は、理屈では絶対に動かない。

理屈に反応してしまうのは、決まってツイていない人間の脳だ。企画のプレゼンテーションを審査するときも、そういう脳は企画書を一生懸命に読んで、内容を検討する。しかしツイている人間の脳は、内容など読まない。そこに熱意と感動があるかどうかを、扁桃核が感じようとするのだ。

成功者は、他人に感動する能力を持った人間である。熱意が生み出すパワー、感動が引き出すエネルギーを知っている。だから感動できる素直な人間を大切にし、感動できない人間は徹底的に嫌う。1日の大半の時間を、それに当てている自分の仕事にさえ感動できないような者は、ツイている人間と付き合う資格はないと思ったほうがいい。

苦しみであるような努力は、なぜダメなのか。感動がないからだ。感動のない努力は長続きしない。成功者とは、感動が意志を強化し、強固な信念をつくることに気づいた人間である。

幸いなことに、熱意も感動もタダで手に入る。あなたが気づいているかどうかわからないが、世の中で一番大切なものは、みんなタダで手に入るものだ。だから誰でも成功できる。タダのものをふんだんに使って、ツイている人間を引き寄せる。ツイている人間に好かれるように、自分をデザインすればいいのだ。

ツイている人間と付き合うための方法とは——

・物ごとを強気に考えて、相手と付き合う習慣を身につけよ

・情熱を吹き込め。情熱以上の説得力はない
・No.1のイメージを持ち、いつもNo.1のイメージで語りかけよ
・リスクには進んでチャレンジせよ。相手は、リスクなくして進歩なしを知っている
・一貫性を持って接すること。一貫性は継続的能力の表われであると相手は知っている
・自分のすべてをさらけ出してはいけない。相手の目には見苦しいだけだ
・いかなる弱みも見せるな。長所だけを相手に見せよ
・夢を見続け、夢を語り続けること。夢のない人間は相手にされない
・相手は、不満をいう人間は弱いと知っている。絶対に不満やいいわけを口にするな
・人の噂話をするな。ゴシップは信用されないどころか不信感を与えてしまう
・100%自信がない話はするな。99%では0%と同じである
・謝るようなことはするな。謝罪する人は、約束を守らない人と同じと見られる
・親密すぎる交際は避けろ。親密性は信頼を失う。節度ある付き合いを心がけよ

付き合うべき人間の条件

ここにあげた13の方法を読んで、「しんどそうだ」と感じた人がいると思う。しかしツイている人間、イヤでも成功してしまう人間は、これを自然に実行している。そういう人間と付き合おう

というのだから、ビール片手に、上司や会社の悪口をいい合える相手、グチをこぼし合える相手と付き合うのとは少々ワケが違ってくる。

ツキのない人間と付き合うのはラクだ。ツキのない人間は、付き合うのがラクな相手と付き合っている

ツキのある人間は、付き合ってためになる相手と付き合っている。だからツキのある人間と付き合うときは、向上心が必要になる

なぜツキのない人と付き合うのはラクかというと、ツキのない人に限って、お金を浪費し、時間を浪費し、友情を浪費し、人生を浪費している。世の中で何がラクかといって、浪費ほどラクなことはない。自分を高める必要もないし、成長させる必要もない。

人と人の間には、どんな人間関係でも感応・同化という現象が起きる。付き合っている相手の思考や感情に反応し、感化され、いつの間にか同じようなものの考え方、感じ方になってしまうのだ。だからツキのない人と一緒にいると、知らないうちに同じようにツキのない人間になってしまう。

長年連れ添った夫婦を観察して、驚くことがある。きょうだいかと思うほど、顔つきまでそっくりになっているのだ。

だから、自分がそうなりたいと思うような相手と付き合うというのが、ツキと運をよくする人間関係の原則である。プロのビジネスマンになりたいなら、プロのビジネスマンと付き合えばよい。プロのビジネスマンに必要なものを、しっかり備えた人間と付き合うように心がければよい。

▼プラス思考の相手

プラス思考はツキの絶対条件だ。プロのビジネスマンの必須条件である。

高度経済成長下では、マイナス思考でも何とかやっていけた。モノを造りさえすれば売れる右肩上がりの経済では、多少マイナス思考でもどうということはなかった。日本人がみんな「勝ち組」だった時代である。

しかし今日のような低成長期には、マイナス思考の人間は必ず「負け組」になる。どんなに厳しい経済状況の中でも、平気でピンチをチャンスと考えられるような、ピンチをチャンスと錯覚してしまえるような、徹底したプラス思考の持ち主でなければ、頭角を現すことはできない。

プラス思考の人間と、どれだけたくさん付き合えるか。あなたが成功できるかどうかは、そこにかかっているといっても過言ではない。

▼仕事を面白がる相手

ビジネスにツキのある人間の扁桃核は、仕事に対して「快」だ。つまり、面白がって仕事をしている。仕事が面白い――どんなジャンルでもプロの条件である。

仕事が面白い人間が集まれば、面白い仕事ができる。仕事がつまらない人間が集まって一生懸命仕事をしても、つまらない仕事しかできない。

仕事を好きになれ――。たぶん耳にタコができていると思う。しかし扁桃核が仕事に「不快」になっていれば、どう転んでも好きにはなれない。だから他人の力を借りるのである。まず仕事が面白いフリをする。仕事を面白がれる人間、面白い仕事をしたくて仕方ない人間が必ずまわりに寄ってくる。そうなればシメたものだ。そんな人間たちと付き合っているうちに、そんな人間たちの感化を受けているうちに、本当に仕事が面白くて面白くて仕方なくなってしまうのである。

▼能力の高い相手

なぜかわからないが、世の中には自分より能力の高い人間は敬遠し、自分より能力の低い者とばかり付き合う人間がいる。

私自身は、自分より能力の高い相手となれば、ネコのミーコにでもすり寄ってしまうような人間だから、その気持ちが理解できない。

将棋の米長邦雄永世棋聖は、羽生善治らの新しい世代が台頭してきたとき、親子ほど年齢の離れた若手棋士に素直に頭を下げて教えを乞うた。序盤の戦い方をそこで学び、50歳を過ぎて名人位につくという偉業を成し遂げたのである。ヘンなプライドにこだわって、能力の高い人間と付き合わないのは大きな損失である。

仕事の能力とは限らない。趣味でも何でも能力の高い人と付き合えば、人は自然と多くのことを学ぶのである。それを私は、「環境が与えてくれる知恵」と呼んでいる。

またまた妻の話で恐縮だが、私が汗水流して働いている間、妻は水墨画などというものを優雅に習っている。その先生が中野素芳さんといい、女流の大家である。

水墨画というと格式ばったものを連想する。しかし素芳先生の場合はたとえ雑巾でも、それを先生が手につかめば、立派な筆に一変する。アッという間に見事な絵が描き上がる。

能力の高い人と付き合えば、自分の能力も高く

本物の中の本物である画家・中野素芳氏と著者(左)

なることの見本のように、妻の水墨画の腕前はあれよあれよという間に上達してしまった。そればかりか先生の影響を受けて、女性としての立ち居振る舞い、物腰まで変わってきたように思えるのである。

▼厳しい年長者

20代の頃、私は年長の上司とばかり付き合った。当時の私は、20代で1億円貯めようとケチに徹していたから、飲みに行くにも自分のサイフを開かなくてよい年長の人たちと付き合ったのである。

しかし、そこから信じられないほど大きな財産を得た。

だから若い人には、「年長者と付き合いなさい」という。しかしいい加減な上司や、モチベーションの低い先輩と付き合っても仕方ない。感化されて同じようにいい加減で、モチベーションの低いサラリーマンになってしまう。

敬して遠ざけたい存在かもしれないが、仕事に厳しい上司・先輩と付き合うべきだ。なぜならスーパーコンピュータは、人と会っている間も貪欲に学習し続ける。自然と相手の思考や行動に学び、いつの間にかマネージメント能力が高くなってしまう。20代なら10歳以上年長の人間と付き合うだけで、そうでない人よりぐんと成長できる。

成功する人間は、付き合う人間を選ぶ。脳というスーパーコンピュータが、付き合う相手のマネをしてしまうからだ

ツキを逃す正常な判断力

これは〝仮に〟の話であるが、もし今、あなたがツイていないサラリーマン、ツイていない経営者、ツイていない自営業者、ツイていない芸術家、ツイていない主婦、ツイていないお父さん、ツイていない受験生、ツイていないギャンブラー、ツイていないスナックのママであるなら、これからもずっと、あなたはツイていないサラリーマン、ツイていない経営者、ツイていない自営業者、ツイていない芸術家、ツイていない主婦、ツイていないお父さん、ツイていない受験生、ツイていないギャンブラー、ツイていないスナックのママであり続けるだろう。

ツイていない人間が、ツイていない人間をやめたくてもやめられないのは、脳というスーパーコンピュータが、ツイていない自分を予感し、ツイていない未来を予知し、コンピュータ10万台以上の能力で、その予知・予感を実現してしまうからだ。

ツイていないスナックのママは、ツイているスナックのママにはなれない

ツイているスナックのママは、ツイていないスナックでも、最後にはツイているスナックにしてしまう

成功者のスーパーコンピュータは、常にツイている未来を予知・予感し、その予知・予感通りに、ツイている未来を実現していく。

なぜ成功者の脳は、いつもツイている未来を予知・予感できるのか。スーパーコンピュータの中枢である扁桃核が、どんなときも「快」になっているからだ。これが「不快」になると、自己防衛本能が働いて、恐れや不安などのマイナス感情が出てくるから現実に対して否定的になり、いい未来をイメージできなくなる。

どんな状況でも扁桃核が「快」になっている。

「そんなこと、あるわけがない」――そう思う人の判断力は正常である。判断力は100パーセント正常だが、きっとツイていない人間だろう。

凡人と成功者の違いがそこにある。正常な判断力の持ち主なら、扁桃核を100パーセント、

いや110パーセントも120パーセントも「不快」にし、絶望してしまうに違いない状況でも、彼らは扁桃核を「快」にできる能力がある。

その例として、私がよく話すのはエジソンのエピソードだ。エジソンが電球を発明したときに、何に一番苦労したかというと、電流を光に変えるためのフィラメントとなる物質を見つけることだった。最後は日本の京都の竹が用いられたが、そこにたどり着くまでが凄い。

フィラメントになりそうな物質の標本が世界中から集められ、ひとつひとつ実験される。その苦労を見かねたまわりの人が、「もうあきらめたほうがいい」と忠告したのは、実験が2000回を数えたときだった。凡人なら、2000回も失敗すれば、その記憶データが「無理だ」「不可能だ」と語り始める。

しかし、エジソンは違った。

「私の見るところではフィラメントになりそうな物質は、世界に5500種ほどある。すでに2000まで試した。あと3500だ。じきに見つかるよ」

2000回の失敗に対しても、天才の扁桃核は「快」になってしまうのである。

『五体不満足』という本がベストセラーになったのも、そういう非常識な扁桃核が人々を感動させたからだ。マスコミでも繰り返し取り上げられたから、説明の必要はないと思うが、当時早稲田大学の学生だった著者は、五体のうち、両手両脚の四体が生まれつきない。凡人の目には、とてつもなくツイていない境遇である。

しかしこの青年の扁桃核は、明らかに「快」である。「障害は不便であるが、不幸ではない」といい切ってしまう。自分のことを、「ノー天気に生きている」といってはばからない。実際、ツイていないどころか、超難関の早稲田大学に合格してしまう。障害を持つ自分を素材に、記録的な大ベストセラーまで書いてしまう。大学を出たと思うと、たちまちスポーツジャーナリストになってしまった。つまり、ツイてツイてツキまくっている人間なのだ。

どんな状況でも扁桃核を「快」にできる人間がいる。そして、彼らは必ずツイてツイてツキまくる人間なのだ。ということになれば、私たちも彼らのマネをすればよい。しかもそれは、決して難しくない。いくつかの方法さえ知っていれば、ラクラクできてしまうことなのだ。それというのも私たちの扁桃核は、きわめて単純にできていて、入力するデータをちょっと変えてやるだけで、たちまち錯覚してしまうからだ。

自分の弱点の扱い方

仕事柄、私は毎日いろいろな人と会う。その中には、もちろん好感を持てる人と、なかなか持てない人がいる。私が好きなのは、自分の弱点を隠そうとせず、それを恥ずかしげもなく認めてしまう人間だ。『五体不満足』という本もそうだが、自分の弱点を平気で認める人、むしろ弱点を自慢してしまう人はとても魅力がある。

弱点を隠す

自慢してしまえば、弱点は強さになる

私にも、じつは〝不満足〟がある。30代の頃から次第に薄くなり始め、今では見事にハゲ上がってしまった頭だ。五体不満足と比べれば、取るに足らないような、ささやかな〝不満足〟かもしれない。しかし本人にとっては、小さな問題ではない。

しかしハゲを恥ずかしがって、カツラをかぶるなど最悪である。ハゲが恥ずかしいのは、隠そうとするからだ。扁桃核が「不快」と感じているからだ。隠せば隠すほど、ハゲを意識せざるを得なくなり、扁桃核はますます「不快」になる。

いっそ徹底的に自慢してトレードマークにしてしまえば、扁桃核の条件づけが変わる。

「ハゲといえば西田、西田といえばハゲ」といわれるようになったら、しめたものだ。どこかでハゲの話題が出ると、「そういえば、この頃、西田さんは……」「ああ、あの西田さんが……」となる。

ツキには、次のような特筆すべき原則があるのだ。

まず目立て

ツキは他人が運んできてくれる。となれば、目立つのでなければダメだ。「あれ？」とか「エッ！」と思われるのでなければ、ツキなど誰も運んできてくれない。いい意味でも悪い意味でも、とにかく目立つほうが勝ちだ。

たとえば、サッカー日本代表で、MF（ミッドフィルダー）として大活躍している小野伸二君も、私どもの能力開発研究所を訪れた1人だが、彼などはハゲてもいないのに、わざわざスキンヘッドにしている。それが、また目立つのである。

2001年にオランダの名門「フェイエノールト」に移籍したときも、欧州の各チームが小野獲得を狙って争ったといわれるが、スタンドから視察するスカウトの目には、あのスキンヘッドがイヤでも飛び込んでくる。

こうなれば、もうカツラなど考えられ

プロで活躍することを目標に、高校時代から研究所を訪れていた小野選手

ない。ハゲというメリット、せっかく自分に備わった〝目立つ要素〟をカツラで隠すなど、私にはもったいなくてできない。

価値を転換する魔法

ハゲを喜ぶような人間は絶対いない。いないだろうと思う。念のためにいっておくと、私だって喜んでハゲたわけではない。しかしそのハゲさえ、長所・利点に変えることができるのだ。事実、こうしてハゲの効用を文章にして、説得力を持つとしたら、それは実際にハゲているからだ。講演でもこの話をする。間違いなくウケる。ビジネスにも役立ってくれるハゲなのだ。もし髪がフサフサだったらと考えると、ゾッとする。

自分の欠点を笑える人間には、人は安心感と好感、親しみを抱く。そういう人間心理が働くから、ハゲの話題がある限り、私はどこに行っても嫌われない。初対面の人でも、どんなにエライ人でも、また絶世の美人とでもすぐ親しくなれる。

弱点とか欠点、短所、長所、強みといっても、しょせん脳の条件づけでしかないのである。つまり錯覚だ。錯覚だから、いくらでもその価値を転換させることができる。

たとえば、頭がいいというのも考えものだ。頭がいいとうぬぼれた人間など、まわりの者にとっては、これほど鼻持ちならないものはない。美人であるとうぬぼれたら、せっかくの美貌も短所にしかならない。仕事ができるとうぬぼれる人間は、いつか必ず「自分は仕事ができない人間だった」と思い知るときがくる。

「これが長所だ」と自分で思うような長所は、じつは本当の長所ではない。本当の長所は、他人が評価してくれる長所なのである。

自信のある長所は、他人の目には必ず短所となって映る

短所は、それに自信を持てば、他人の目に長所として映る

世の中には自分の欠点を直そうと、懸命に努力するかわいそうな人もいる。何度もいうように、そういう努力は大変尊い。なぜ尊いかといえば、まず100パーセント報われない、無償の努力であるからだ。そもそも欠点は、直らないからこそ欠点なのだ。直らないものを苦労して直そうとする、これほど尊い人間の姿があるだろうか。

しかしその欠点のために、扁桃核が自分に対して、「不快」になってしまうとしたら問題である。自分に対して、プラス感情になれない人間のところには、ツキや運がやってくるわけがない。

幸いなことに、扁桃核はいたって単純で、だまされやすい。何しろ2000回失敗しても、ラッ

キーと錯覚できる。手足がなくても、幸せと思えるのだ。価値観をほんの少しシフトするだけで、扁桃核の「快不快」は逆転してしまう。

・ハゲていることに自信を持っている人は、ハゲが長所になる
・自分の頭の悪さに自信を持っている人は、アホが長所になる
・容姿の悪さに自信を持っている人は、悪い容姿が長所になる
・自分の短所に惚れ込んでいる人は、短所がそのまま長所になる

こんなふうにいうと、反論する人がきっといると思う。自分の弱点や欠点に自信を持つということ、惚れ込むということが、一番難しいんじゃないか。それができなくて、みんな苦労しているんじゃないか、と。

その〝難しい〟が錯覚である。じつは少しも難しくない。自慢してしまえばいい。ウソでもいいから自慢してしまえばいいのだ。

弱点や短所は、自慢してしまえ

「私、アホなんです」と自慢すれば、「アホだ」という人はいなくなる。「アホだからダメだ」という人もいない。「アホなのに凄い」といわれるようになるだろう。それが、「アホだから凄い」

になり、「大物だ」「大愚だ」といわれないとも限らない。

ハゲも容姿の悪さも、嫌われ者であることも、内気や引っ込み思案な性格も、仕事能力のないことも、五体不満足も、ツキのなさも……あらゆる弱点は、自慢した瞬間からプラスに転換する。

これがものの価値をひっくり返してしまう魔法である。そして、いったんひっくり返ってしまえば、大きなマイナスほど力強いプラスになる。

クセになるプラス思考

嫌いな先生に教えられる教科は、成績が悪くなる。これは誰でも知っている真理だ。一般的に、生徒に嫌われるような教師は教え方がヘタなこともあるけれど、先生に対する感情のために扁桃核が「不快」になり、やる気がなくなることが大きな原因である。「不快」なスーパーコンピュータは、必ず「成功できないソフト」「成績が下がるソフト」を実行し始める。

なぜならスーパーコンピュータは、扁桃核が「不快」と判断した対象を、自己防衛のために遠ざけるように、拒否するように、あるいは攻撃するように働くからである。

登校拒否でも校内暴力でも、学校や先生に対して、子どもたちの扁桃核が「不快」になってしまったところから起きてくる。

私は、勉強嫌いの受験生を勉強好きにさせる名人といわれている。仕事でお付き合いしている経営者に頼まれ、お子さんにアドバイスすることがある。まず、「苦しい勉強などしなくていい。いや、絶対するな」と教える。受験生だから勉強しなくてはいけない、努力しなくてはダメだというのは、とんでもない考え違いだ。

机に向かうとき、勉強しようと考えてはいけない。「これから勉強というゲームを楽しもう」と考えなさいと指導する。

実際、「楽しもう」「楽しもう」を毎日繰り返すうち、「勉強はイヤだ」という思いがなくなり、いつの間にかイヤでも勉強を楽しんでしまう体質になっている。言葉というのは、それほど大きな力を持つのだ。

「子どもだましじゃないか。そんなことで勉強が好きになったら苦労しない」というのは、脳というスーパーコンピュータの仕組みを知らない人である。また、〝そんな子どもだまし〟を、実際にやってみたことのない人だ。ビジネスマンにとって、一番必要なチャレンジ精神に欠ける人間といってもいいだろう。

脳というスーパーコンピュータへのデータ入力は、主として「感覚」「言語」を通して行われる。ただし視覚や聴覚、味覚など五感も、「きれい」とか「明るい」とか「うるさい」「美味しい」「臭い」「気持ちいい」などと、言葉によって意味づけられることで、はじめて人間化される。これは人間の脳の一番大きな特徴である。

したがって、勉強に対しても仕事に対しても、「苦痛」「嫌い」「大変」「しんどい」などという言葉が入力され、条件づけられてしまうと、扁桃核は「不快」と反応する。勉強も仕事も苦痛になり、しんどくなり、勉強が楽しくない体質、仕事が気持ちよくない体になってしまうのだ。

そこで、入力する言葉を意識的に変えてやる。

- **会社（学校）に行く→今日も世の中で一番面白い場所へ行くぞ**
- **仕事（勉強）をする→今日も徹底的に楽しもう**
- **面倒な仕事→自分の能力をアップするチャンスだ**
- **イヤな上司→反面教師としてとても役立ってくれるありがたい上司**
- **頑固な先輩→意志が固くて自分の哲学を持っている魅力的な先輩**
- **口の悪い同僚→人の心を意に介さない凄い人**
- **ケチな人→締まり屋で自己管理のできる優秀な人**

たとえば、こうして思考の否定的回路を、肯定的回路に切り換える。これが大きな意味を持つのは、人間の脳には、正反対の2つのデータを同時に入力することができないからだ。つまり、「楽しもう」と思っているときは、「つらいなあ」とは思えない。

100回マイナス思考になったとしても、101回プラス思考になればいい

この原則が私の口グセだ。バカらしいという人がいるかもしれない。しかし、そのバカらしいことの繰り返しによって、私たちはいつの間にか、マイナス思考がクセになってしまったのだ。確かにバカらしいほど単純である。

しかし、こうした回路の切り換えを重ねることによって、プラス思考という思考のクセ、プラスイメージという想像力のクセ、プラス感情という感情のクセがだんだんついていく。

反省に関する大いなる誤解

日本人は反省が大好きだ。今の学校はどうかわからないが、私の小学校時代には、毎日必ず最後に反省会というのがあって、私などしばしば反省を強制された。中国の『論語』という本にも「日に三省す」という言葉があり、1日に3回反省することをすすめているから、反省好きは日本人だけではないかもしれない。

なぜ人間はこんなに反省が好きなのか。「反省すれば能力が向上する」と誤解されているからだ。職場でも何かあると、ミーティングなどと称して、すぐみんなを招集し、「あれはまずい」「これがいけない」と、まずい話ばかりするような管理職がいる。

私にいわせれば、明らかにツキのない職場である。

まずいときは反省するな。反省は絶好調のときにせよ

信じられないかもしれないが、世の中で成功しているのは、どんな分野でも「反省しない人」たちだ。つまり、懲りない人たちである。とくに悪いとき、順調でないとき、彼らは絶対といっていいほど反省しない。反省ばかりしているのは、能力のない人間である。何かあると待ってましたとばかり、反省のミーティングなどを開くのは、成功できない管理職であり、成功できない組織である。

というのは、状況がまずいとき、人は何を考えるか。どうしても消極的になり、マイナス思考に流れる。「まずい」を上塗りし、「まずい」を突破できなくなってしまう。いつもまずい話ばかりして、得意になっているのは決まって能力のない人間である。

まずいときは、考えれば考えるほど、ますますまずくなる

では、どうすればいいのか。答えは簡単だ。「まずいとき→考える→ますますまずくなる」のだから、「まずいとき→考えない」を行えばよい。世の中で成功するのは、この原則を実践した人で

ある。彼らは、物ごとがうまくいかないときこそ思い切りよく行動し、「まずいとき↓考えない↓行動する」を実行している。

事態を打開する新しいヒントやアイデアは、理屈から生まれるのではない。行動から生まれる。変化の中から生じてくる。

脳がまずいと感じるときは、扁桃核も「不快」状態になっている。そんなときに、「ああでもない」「こうでもない」と考えたって、素晴らしいひらめきやよい答えなど絶対に出るはずがないのだ。スポーツの世界では、そのような状態を「スランプ」と呼ぶ。考えれば考えるほど迷いが出て、不振を抜け出せなくなる絶不調がスランプである。

そこから脱出する一番有効な方法は、考えないことである。考えずに行動することが、スランプ脱出の奥の手だということは、あらゆるスポーツ、あらゆるジャンルの仕事に共通していえることだ。野球でいえば、バッティングフォームやミートのタイミング、どのコースのボールを打とうなどと考えれば考えるほど、スランプはより深くなる。名選手はたいてい「来たボールを打つだけだ」という心境になって、その泥沼を抜け出すのである。

考えることが必要なのは、むしろ幸運のときだ。好調なときに浮かれると、〝図に乗っている状態〟になり、反省のチャンスを失う。そのために失敗やミスが多くなり、災いを招くことになるというのが、「好事、魔多し」である。

すべてが順調に進み、脳がウキウキワクワクしているメンタルヴィゴラス状態のときこそ、自分を反省し、問題点をチェックし、頭を冷やす。脳がヒートアップしたときに、反省というカームダウンが必要になるのだ。

脳をコントロールするテクニック

脳というスーパーコンピュータは、予知・予感を実現するために全力を上げる。その予知・予感が、自分の望むものであろうとなかろうとおかまいなしだ。しかし、それでは困る。天才ではない私たち凡人の予知・予感は、実現したら困るものばかりである。だからイヤな予感や悪い予知は、よい予感やよい予知に書き換えてしまわなければならない。

昔の人は、「自分が死ぬ夢は、いいことが起こる前兆である」といった。また、縁起の悪いもの、たとえば霊柩車などに出会うと、「ツルカメ、ツルカメ」と呪文を唱えるお年寄りが、最近まで いた。自分が死ぬ夢は、どう考えたっていいことが起こる前兆などではあり得ない。最悪最低の夢だ。しかし「いいことが起こる」といい伝えることで、イヤな夢を見たあとの悪い気分を、よい予感に変えようとする。

霊柩車とすれ違うと、たいていの人はギョッとする。扁桃核が「不快」になり、マイナスイメージ、マイナス感情が発生してしまう。そこで、「鶴亀」という縁起のいい呪文を繰り返し、扁桃核の「不快」を「快」に切り換えようとするのである。

ブレイントレーニングでは、マイナスの思考やイメージ、感情を消して、プラスに切り換える作業を「クリアリング」というが、「自分が死ぬ夢は吉兆」も「ツルカメ」も、ちゃんとクリアリングになっている。

悪い予感は悪い結果をつくる、悪い予感はよい予感にチェンジしなければならないことを知っていた、昔の人の知恵だろう。

「今の実力からすると当然の結果です。悔しいけれど、悔いの残るゴルフではなかった。技術的問題もわかったので、次週以降につなげたい」

つい先日、私の指導する女子ゴルフの中島千尋プロが、リゾートトラストレディースで準優勝したときのコメントである。常に№1を目指せと指導しているから、準優勝しても彼女は「嬉しい」「よかった」とはいわない。準優勝で喜んだら、満足感が生まれ、闘争心や集中力が途切れてしまうからだ。

だからといって、彼女の扁桃核は、優勝できなかったという結果に対して、「不快」にもなっていない。いや、№1を目

プラス思考でチャレンジする中島千尋プロ

指して戦う人間が、目の前で優勝をさらわれ、その扁桃核が「不快」にならないはずはない。しかし、それを上手にクリアリングしている。

中島千尋さんは、〝主婦の女子プロ〟として知られている。同時に、成績の波が大きいことでも有名だ。素晴らしい成績でシード入りしたかと思うと、翌年はあっさり転落してしまう。ゴルフに限らず、好不調の差が大きい人はクリアリングがヘタで、一度失敗したりミスしたときのマイナス感情を、あとに引きずる人が多い。

たとえば、今日の目標を達成できないと、「できない」を翌朝まで引きずり、落ち込んだ1日をスタートさせる。今回のプレゼンテーションが失敗すると、「失敗した」「ダメだった」を引きずり、次のプレゼンでも力を出し切れなくなる。マイナス思考とか消極思考、やる気のなさも、もともとはそうした「できない」や「失敗」の積み重ねなのだ。

したがって、マイナス思考やマイナスイメージ、マイナス感情が起こるたびに、ひとつひとつクリアリングし、つぶしていくことが大切である。

ツイている人間は、忘れることが得意で失敗などすぐ忘れてしまう

ツイていない人間は、記憶力がよすぎて失敗を忘れられない

女子プロの中島さんがはじめて相談に来たとき、「そんなに悩めるなんて、あなたは幸せですね」と私は応じてしまった。

「解決できる問題だから、悩む。解決できない問題なら、絶望することはできても、悩むこともできません。悩んでいるあなたは、大変な幸せ者です」

何を伝えたかったかというと、クリアリングの大切さである。クリアリングひとつで、人間の感情などいくらでも変えられる。

データの入力の仕方によって、不幸のどん底に落ちたような気分が、たちたまち幸福な気持ちに一変してしまう。

優秀な彼女は、私のいいたいことをたちまち理解した。先のコメントにしても、悔しさは闘争心として残しながら、「悔いの残るゴルフではなかった」と、扁桃核の「不快」を転換する。さらに、「技術的問題点もわかった」と、準優勝という結果を肯定的に評価し、扁桃核を「快」にしているのだ。

これによって、中島プロのスーパーコンピュータはすっかりその気になっているはずである。「チヒロちゃん。さすがだよ」とコメントを読んで、私も嬉しくなった。

ツキを呼び込む自己暗示法

おわかりと思うが、クリアリングは一種の自己暗示だ。負けた試合に悔いが残らないはずはないだろう。

中島プロの準優勝の場合、前日はトップだったのだからなおさらだ。しかし、それを「悔いの残るゴルフではなかった」と評価する。自己暗示である。

暗示というと、何か特別な方法のように聞こえるかもしれない。しかし私たちが持っている価値観とか目標のほとんどは、自己暗示であり、思い込みであり、錯覚である。錯覚だから、ときには醒める。

公園の片隅に張られた、青いビニールシートのテントで暮らしているのは、たいてい見事に醒めてしまった人たちだ。

よりよく生きようとしたら、必ず自己暗示が必要となる。それでは、ホームレスの人たちはよりよく生きようとしていないのか。

私にはわからない。しかしホームレスという生き方にも、何かの自己暗示がきっとあるに違いないと思う。

ツいている人間は、知らないうちにツキの暗示を自分にかけている

ツいていない人間は、知らないうちにツキがなくなる暗示を自分にかけている

▼朝のサイキングアップ

朝は1日のスタートである。朝の脳に生まれるイメージによって、その日のツキや運が決まるといっても大げさではない。つまり朝の扁桃核が、1日中影響してしまうのだ。

「今日は、イヤな相手との商談が待っている」

「憂うつだ。今日はクレーム処理しなければならない」

「何だか、やる気がしないな」

否定的になった扁桃核で1日をスタートしてしまったら最悪だ。

それで、昔は毎朝神棚を拝んだり、仏壇に手を合わせる習慣がどこの家にもあった。「今日1日お守りください」とか、「今日も元気で過ごせますように」と祈るのも、一種のクリアリングであり、自己暗示であったと思う。

肯定的なイメージと肯定的感情で、塗り替えを行う。よい予感を持つように、イメージや感情をコントロールするのだ。

残念なことに日本人の生活からは、そういう自然なサイキングアップがすっかり消えてしまった。だから意識的にクリアリングし、自己暗示を行い、ツキを条件づけて、ウキウキワクワクする必要が私たちにはあるのだ。

朝は気を高め、脳をワクワクさせるサイキングアップを行う。

①「今日はツイている気がする」と自分に語りかける（今日の商談はうまくいく気がする。今日のクレーム処理は成功し、感謝される気がする、など）……数回

②次に、「今日はツイている」と断定的に語りかける（今日の商談はうまくいく。クレーム処理は成功し、感謝される）……5回以上

③最後に、「ツイている」だけを反復する（商談はうまくいく。クレーム処理は成功する。感謝される）……何回でも

▼夜のカームダウン

夜、就寝前は気を鎮めるカームダウンを行う。「ツイている」という朝の自己暗示に対し、「ツキがあった」「運があった」と実感するのが夜の自己暗示だ。

まず、今日1日に体験した否定的記憶を肯定的に塗り替え、「快」の扁桃核にしっかり戻してお

く必要がある。寝る直前の感情を最高の状態にし、今日1日とても「運」があったと感じられるように自己暗示する。

①「今日も1日無事に終わり、運があった」と自分に語りかける……数回
②次に、「今日は運があった」と断定的に語りかける……5回以上
③最後に、「運がある」だけを何回も反復する……何回でも

暗示で大切なことは必ず断定の形にし、③に当たる暗示は現在形にすることだ。「〜したい」という願望や、「〜するだろう」という未来形、「〜しないように」という否定型では、脳は切り換わらない。それらの表現は、「〜できないかもしれない」というネガティブな感覚をどこかに含んでいる。

▼感謝という史上最強のクリアリング

これもよく話すことだが、東京での講演や指導などの仕事を終え、愛する妻の待つ静岡の自宅へ戻る前、私は夕暮れ迫る東京駅の新幹線ホームで、必ずワンカップの日本酒を買い求めることにしている。帰りの車中、それが私の神様になるのだ。

席を見つけて座ると、さっそくワンカップを取り出し、神様に感謝の祈りを捧げる。今日も無事に仕事が終わった、その充実感にひたりながらお酒を飲めることの幸せを感謝し、手を合わせる。ワンカップを拝む姿は、まわりの人に異様に見えるから、心の中でそっと手を合わせる。す

ると、とても不思議なことが起こるのである。現世利益といえば、現世利益である。ありふれたワンカップの日本酒が馥郁《ふくいく》たる香りを漂わせ、どんな高級酒よりも味わい豊かな銘酒に一変する。

その理由は説明するまでもないと思う。カルト教団の信者にとっては、どんな教祖も世界一素晴らしく思えてしまうのと同じだ。

マインドコントロールの手法で極度に「快」になった扁桃核は、とんでもないことを引き起こす。扁桃核の「快」が、それと連動した視床下部に伝わり、その指令で全身の自律神経やホルモンに変化が起きてくる。とりわけ脳内ホルモンが変化し、ドーパミンが脳にあふれ、何でもかんでも素晴らしく見えてしまう。

感謝するから、その対象が素晴らしいものに見えてくる

素晴らしいと思う対象にしか、感謝できない

感謝は、信仰と同様、扁桃核が１００パーセント「快」状態である。感謝するとき、私たちの脳は手放しで、完全な「快」になる。

それが、赤ん坊のとき、あるいはもっと遡って胎児のとき、自分の命を１００パーセント、母親に委ねきっていた頃の記憶につながっているかどうか、私には知るすべがない。

しかし脳というスーパーコンピュータは、何かに感謝するとき、100パーセント安心し、100パーセント自己防衛から解放され、100パーセント「快」になるという、不思議なメカニズムを持っている。

だから、ウソでもいい。感謝してしまうほうが勝ちなのだ。今日1日に感謝する、この人生に感謝する、生きていることに感謝する、親に感謝する、古畳になるまで、古畳になっても一緒にいてくれる妻に感謝する、この職業に感謝する、困難だが、やりがいのある仕事に感謝する、意地悪な上司に感謝する、何でもかんでも感謝してしまう……。

自分のツキに感謝する、運に感謝する。あなたが感謝すれば、ツキも運も、妻も、意地悪な

（社）中部産業連盟で行った「成功する経営者の脳」についてのセミナー

上司も、面白いくらい素晴らしく見えてしまうのだ。

感謝すれば、その対象は必ず素晴らしいものに見える。看護婦さんがみんな美人に見えるのも、おそらくそのせいに違いない。私の場合は、困ったことに年をとるにつれ、だんだん妻がきれいに見えてきた。つまり感謝とは何かといえば、最高の自己暗示なのだ。

しかし世の中には、感謝の苦手な人がいる。ウソでもいいから感謝してしまえ、といっても、それがどうしてもできないという。

そういう人には、こう考えてもらうしかない。

私には2人の親がいる。2人の親にもそれぞれ2人の親がいる。この4人の祖父母にもそれぞれ2人の親がいる。このようにたどって20代前まで数えると、104万8576人の先祖がいたことになる。それが30代前になるとだいたい平安時代の末期で、先祖の総計は、10億7374万1824人という膨大な数になる。

この10億7374万1824人のうち、たった1人でも何かの拍子に早死にしたり、男女の組み合わせがひとつでも違っていたら、あなたは生まれてこなかった。それぞれの人が、それぞれの人生を懸命に、真剣に、けなげにまっとうしてくれたから、「私」がいる。10億7374万1824人の先祖全員に、「ありがとう」というべきだろう。

だからあなたが今、ここに、こうして生きていることは、確率として見れば奇跡としかいいようがない。年末ジャンボ宝くじの当選確率（1000万〜500万分の1）など、それと比べれば、あまりにも大きすぎる。誰でも当たると思えてくる。

それほどの難関を突破して、今、ここにたどり着いたのだから、あなたは最高にツイているし、最高の強運の持ち主だ。人生に感謝せずにいられるわけがない。

その素晴らしい人生で出会うことのできた〝奇跡〟が、今、あなたの目の前にいる人たちである。両親や妻、子ども、友人はもちろん、職場のライバル、意地悪な上司、その身勝手さに、さんざん泣かされてきた取引先の担当者にさえ、感謝したくなる。その顔を見るたびに、「ツイている」「またツイた」と喜ばずにいられない。

第5章

あなたには大切な人の心が見えているか

恋愛・家庭・子育てがうまくいくツキの大原則

幸せをつくれる人とつくれない人

妻のほうから、夫に離婚を迫るケースが増えているという。若いカップルのことではない。熟年夫婦の話で、長年連れ添った妻に三行半《みくだりはん》を突きつけられる、淋しい夫が多くなっているらしい。最近、私の身近でも〝三行半事件〟があった。

Eさんとは長いお付き合いだが、ある日、「相談にのってもらいたい」という電話がかかってきた。55歳のEさんは、従業員500人以上を擁する会社の経営者である。まったくのゼロからスタートし、一代で会社を築き上げ、今も第一線でバリバリ働いている。好きな外車が3台、クルーザー、2軒の別荘を持つ。世間的にいえば成功者である。5つか6つ年下の美人の奥さんがいて、男なら誰でもうらやましく思う暮らしだった。

理想的な家庭、と私には見えた。ところが、奥さんに「別れてほしい」と突然いい出され、どうしたらいいのか頭の整理がつかないという。Eさんは途方に暮れていた。

奥さんのほうは、何不自由ない生活を捨てる覚悟だ。余程のことである。ブレイントレーニング流にいえば、ご主人に対して扁桃核が「不快」になり、マイナスイメージ、マイナス感情でしかご主人のことを思えない脳になってしまったということだろう。

子育てが終わり、母親業を引退する頃になると、女性の多くは心の危機に遭遇する。E家にも

3人のお子さんがいる。2人の男の子はとっくに社会人になっていて、末っ子の娘さんも最近嫁いだばかりだった。

この年代の女性を襲う危機は、「空の巣症候群」と呼ばれるらしい。良妻賢母型の女性ほど、子どもが巣立ったあとの孤独を感じ、自分の存在価値や生きがいを失ってしまったという淋しさを覚える。あらためてご主人を見ても、昔のような魅力はない。夫は仕事に夢中になり、妻は子どもにすべての愛情を注ぐという、日本的な夫婦生活を30年も経験したあとでは、しみじみ眺め合っても、もう扁桃核は「快」にはならない。むしろ、「不快」でしかない対象に転落しているのである。

「西田さんのところは大丈夫ですか」

Eさんとは、ほぼ同じ世代である。そうたずねられ、「大丈夫です。自信があります」と胸を張って私は答えた。

これはうぬぼれではない。年をとってから熟年離婚などをいい出されないよう、長年ひそかに努力を重ねてきたのである。みんながネオン街に繰り出し、どこかのクラブで美人に囲まれているときも、妻の扁桃核を「快」にすべく人事を尽くしてきた。花を買って帰る。チャンスを見つけては、「きれいだね」「やさしいね」をいう、いい続ける。何かしてもらったときは、いや、してもらわなくても、「ありがとう」と感謝する……。

なぜなら、こういうツキの大原則があるからだ。

できる男は、ウソをついてでも女性を幸せな気持ちにしてしまう

できない男は、相手の心を見ないからウソがつけない

Eさんのことを〝できない男〟というのではない。Eさんは、確かに1パーセントに属する成功者であり、間違いなく〝できる男〟だ。

ただ、これまでの日本では、社会的成功だけが男の価値と思われてきた。家庭など顧みることなく、セッセと愛人をつくることが、「男の甲斐性」と呼ばれたりした。事実、戦前や戦後の成功者にはそんなタイプも少なくなかった。

しかし近年、成功者のイメージが違ってきたことに気づいているだろうか。

Eさんのように、家族に与えるものが物質的な幸せだけでは足りない。精神的にも幸福にする才覚がなければ、本当の成功者ではない。アメリカ型の成功観に変わってきたのである。これは日本の社会が生産型から、消費型になったことと無関係ではない。

なぜなら消費社会では、物ではなくソフトが経済のカギを握る。車ではなく車のデザインが、ときにはCMの出来が、起用されるタレントの好感度が、つまり人の心が、物やお金の流れを左右するのである。

消費社会のビジネスマンがターゲットにしなければならないのは、人々の心、もっと厳密にいえば、「快不快」「好き嫌い」の判定を下す、直径15㎜の扁桃核である。

どういうことかといえば、妻を幸せにする能力と、社会で成功する能力が同じであるというのが、今日の消費社会なのだ。

ツキを激変させるパートナーの力

伊丹十三監督の映画に、『あげまん』という作品があった。宮本信子演じる芸者と付き合う男性はみんな成功する。ツキや運は自分の努力だけではどうにもならない、ツキや運は他人が運んでくるのだという原則からすると、じつに正しい映画である。

本当にツイている男は、ツキを運んでくる女性と付き合っているし、結婚している。たとえば、ホンダの大番頭といわれた藤沢武夫は、はじめて本田宗一郎と会ったとき、「なんだこのおかしな男は」と思ったという。有名な話である。その藤沢に、「これは凄い男なのだ」と思わせたのは、宗一郎の奥さんだった。奥さんと会い、こんな素晴らしい女性が選んだ男なら間違いなしだと藤沢は確信したという。この運命的な出会いがなければ、ホンダも今とはまったく違うものになっていただろう。

結婚するなら、「あげまん」の女性を選べということだ。

「あげまん」は、成功してしまう予感を男に抱かせる

私ももちろん、夫をツキのある人間にしてしまう女性を妻にしている。

私が20代で一部上場企業の創業社長のお眼鏡にかない、全国に数百店舗あった支店の最年少支店長に抜擢された話をした。

しかし創業社長が引退し、2代目になると、これが2代目社長の例にもれないタイプで、そういうタイプが好みそうな人間ばかりが出世していく。この会社はもう先がないと見限って、私は潔く退社した。

先に述べたような経緯で、心と能力の関係に注目していた私は、スポーツ選手のメンタルトレーニングに興味を持っていた。心理的なトレーニングを受けたドイツやアメリカのアスリートが、オリンピックでその効果を証明し始めた頃だった。心のあり方が、人間の能力にストレートに現れるという事実が驚きだった。能力開発の研究に生涯を捧げようという気持ちだった。むろん、そこにビジネスチャンスもあるはずだった。日本では、まだ誰も専門的に研究していない新しいジャンルである。

しかしまわりの誰もが反対した。友人も親戚も、会社の先輩や同僚も。そんな中で、ただ1人だけ賛成してくれたのが妻だった。

「1、2年は収入もないよ」という私に、「成功できると思う?」と妻が聞いた。「できる」と答えると、「なら、やってみなさいよ」。いとも簡単にいうのである。この言葉を聞いて、それまで心にあった不安が一気に消えた。妻のひと言で扁桃核が「快」に変わり、はじめて私の脳に成功の予感が生まれた。

ただし無収入は、1、2年ではすまなかった。その後、5年間もまったく収入がないという、〝困ったお父さん状態〟が続くことになったのだ。

分離不安を解消する男女関係

女性を好きになると、その人といつも一緒にいたくなるのはなぜだろう。そんな思いが高じて、世界には何十億という数の異性がいるのに、よりによってたった1人の相手と結婚などという、とんでもないことをしでかしてしまうのはいったいなぜだろう。

2人で暮らすほうが生活費は安上がりになるという切実な動機も含め、いろいろな理由があると思う。しかし最も根源的なところには、「分離不安」の存在がある。

人間という動物は1人では生きられない。〝ひとり〟とは数ではない。精神的に他人とつながっていないという意味での〝独り〟だ。

〝独り〟になると、人間の心には分離不安が頭をもたげてくる。これはもともと母親と離れた子どもが抱く不安が原型になっていて、この不安が湧いてくると、とたんに扁桃核は「不快」に変わる。母親の保護という安心感を失うことは、子どもにとって大変な危機である。不安と恐怖に怯えながら、彼は自分を守らなくてはならない。

同じことが私たちにも起こる。〝独り〟は、無意識的な不安と恐怖を呼び覚まし、自己防衛本能を発動する。「〜しないように」という守りの態勢に入る。マイナス思考やマイナスイメージ、マイナス感情がどんどん生み出され、チャレンジ精神とか積極性は消えてしまう。

この分離不安が、人を重大なストレス状態に置く。精神病や神経症のほとんどには、孤独、孤立という背景がある。

赤ちゃんでいうと、抱いたりあやしたりするスキンシップをまったくしないと、生まれたまま死んでしまうケースもあるというから、分離不安のストレスがいかに大きいかわかるだろう。

ひとりぼっちは危ない

そんな分離不安を逃れ、扁桃核を「快」にするために人は結婚し、家庭をつくる。「貧しきときも富めるときも、互いに助け合い……」と誓うわけだ。

——と、ここまではよい。しかしいったん結婚してしまうと、結婚という形に安住し、相手の扁桃核を「快」にする努力を怠る人間がいかに多いことか。とくに仕事を口実に、家庭を顧みない日本の男である。

人はなぜ結婚するのかということを、日本の男は長らく忘れてきたようだ。理由はイヤというほどはっきりしている。日本の男には会社というもうひとつの家族があったからだ。さまざまな規制や保護政策によって、市場原理の過酷さから私たちを守ってくれる優しい国家があったからである。

多民族がひしめく競争社会の中で、あくまで個人として戦い、意識的に自分の人生を切り開いていかなければ、生きていけないようなアメリカとは違う。アメリカ人がなぜあれほど家庭を大切にするかといえば、厳しい競争社会で戦う人間には、戦えば戦うほど深くなる分離不安を癒す場が必要となるからだ。

3～5年後、日本も確実にそうなる。今、私たちが生きているのは、もうひとつの家族としての会社が壊れ、保護から競争へと、国のあり方が大転換しつつある社会だ。何度もいうように個人が人生の目標意識を明確に持ち、モチベーションを維持していかなければ、成功できないだけでなく、生き残ることさえ不可能な時代が来ようとしている。今日とは比較にならないほど大きな分離不安を、私たちは抱えることになる。

どんなに能力があっても、1人だけで闘うことはできない。「不快」な扁桃核を持った人間は、過大なストレスの中で破滅することになる。

モテる男のマインドコントロール

恋愛はもともと扁桃核の錯覚である。その原理さえ知っていれば、モテない人間がモテるようになるぐらい簡単なことはない。

ターゲットは相手の扁桃核だ。とくに女性は、男性に比べて感性の脳である右脳がより敏感に、より優秀にできている。その感じやすさに訴えれば、女性の扁桃核はたちまち「快」に変わってしまう。

「俺は顔がよくないから」「背が低いから」と、消極的になるのは愚の骨頂だ。テレビに登場する若いお笑いタレントたちが、ハンサムであるとはとても思えないのに、どんな美人と結婚したかを思い出してほしい。〝笑わせる〟という、相手の扁桃核をイヤでも「快」にしてしまう特技が、彼らにはあるのだ。

だから、「顔がよくない」「背が低い」「短足だ」「デブである」「メガネ」「頭が薄い」「話しベタ」「学歴がない」、ついでに「有名大学を卒業してしまった」……こんなつまらないコンプレックス、劣等感で自分の扁桃核を「不快」にしていたのでは、自分にツキを運んでくれる「あげまん女性」は絶対に寄ってこない。

ここでも、まず成功者を見習うことが大事だ。

女性にツイている男は、モテるための努力を厭わない

女性にツイていない男ほど、努力なしの運命的出会いに期待する

モテる男は必ずマメである。出会う女性の電話番号を聞きまくり、あきれるほどマメに電話している。電話したり、メールを送ったり、用事がなくてもアプローチし、相手の記憶データに自分をしっかり印象づける。くれぐれも注意してほしいのは、ストーカーのように「不快」を印象づけてはならないということだ。気持ちよくなってもらう努力が必要である。美味しいものを食べに連れていく、贈り物をする、「好きだ」「愛してる」を連発する、ホメ続ける、欠点でもホメられれば、人はイヤでも気持ちよくなる。

それにもまして、女性の扁桃核を気持ちよくしてしまうものがある。優しさだ。男も女も分離不安を癒してくれるものには抵抗できない。悪い男にだまされるときも、必ずといっていいほど優しさにだまされるのである。夫婦も同様だ。いい関係を何十年も続けたければ、男はサギ師にならなければいけない。

というのも、恋愛感情は3年しか持たないからである。アメリカのある研究者によると、恋する人間は、ＰＥＡ（フェニルエチルアミン）と呼ばれるホルモンの分泌量が増えるという。とこ

ろが、反射脳の脳下垂体が分泌するＰＥＡの量は、結婚3年目ぐらいでガクンと減ってしまう。この事実からその研究者は、「恋愛は3年で終わる」という説を唱えて、大きなセンセーションを巻き起こした。

ＰＥＡ説が正しいかどうかは別としても、世の中のカップルを見ていると、どんな激しい恋愛感情も確かに3～5年で曲がり角を迎える。2人の扁桃核が、最初の「快」から、だんだん「不快」のほうへ移るということだ。毎日一緒にいればケンカもする。はじめは見えなかった、見せなかった欠点もだんだん見えてくる。そういうデータが積み重なって、扁桃核の反応が徐々に変わってくるのだ。

私と妻の間も例外ではなかった。あるとき、私はふと気がついた。昔と違い、仕事が終わっても家にまっすぐ帰りたくない。飲み屋に寄り道することが多い。以前は飛んででも帰りたかったのに、なぜだろうと考えてみた。どうも家に帰って、妻の顔を見るのが以前ほど楽しくないのである。

私は、そこで考えた。たぶん妻も同じだろう、と。こんなふうにすぐに相手を思いやれるというのは、私という人間ができているからではない。ツキの本質をよく理解しているからだ。妻のほうでも、きっと私を見るのが「快」でなくなっているに違いないと察した。その日、勇気を鼓舞して、結婚以来はじめてバラの花を買って帰った。以来しばらくの間は毎日のように買った。花屋の店員さんが同情してくれたほど、バラを贈り続けた。

一般的に女性の右脳は、男性より優れているといわれるが、視覚的な把握力も右脳のほうが強い。情熱的な赤いバラを毎日贈ることで、妻のスーパーコンピュータに私の愛情をインプットし続け、その扁桃核を再び「快」に変えることに成功したのである。

ウソもつき続ければ、いずれホンモノになる

妻には絶対に内緒にしておきたいが、こんな原則があるのだ。私たちのスーパーコンピュータには、それがウソであろうとなかろうと、入力されたイメージに従い、そのイメージを実現しようとするプログラムが組み込まれている。

つまりウソも、一種のイメージトレーニングになるのだ。ゴルファーが、ベストのスイングをイメージする。オリンピック選手が不安や迷いを消すために、表彰台に昇った自分をイメージする。これらもみんなウソである。いわばウソの力を利用して、能力を引き出している。1回ついたウソはウソだが、100回ついたウソはホントになるのだ。

相手にも自分にも、そういうウソさえつけないようなら、別れるほうがいいと私は思う。「不快」な扁桃核で暮らしていても、絶対にいいことはない。

分離不安を癒し合う相手がいないということは、不安や恐れから来るストレスがどんどん蓄積

することを意味する。「～しないようにしよう」という自己防衛本能が強くなり、それと比例してチャレンジ精神が乏しくなり、意欲や気力が湧かなくなる。自分が信じられなくなって、ちょっとしたことでヘタばってしまうということだ。

幼い子どもを観察していると、そのことがよくわかる。親の愛情を信じている子は、行動半径が広くなる。分離不安がなく、心の支えがあるから自信があり、積極性があり、冒険心があり、自分の世界をどんどん広げていける。しかし親の愛情に確信を持てない子どもは、分離不安からいつまでも母親にしがみつく。

だから子育てでも、扁桃核が「快」になる要素をいっぱい持っている子、つまりツキのある子を育てるべきなのだ。

ツキを運ぶ子育ての基本

一生懸命に勉強して取ったテストの90点と、勉強などほとんどせず、やまカンだけで取った70点。どちらを評価するか。

私は、やまカンの70点を買う。なぜなら少しも勉強しなかったのだから、0点でも文句のいえないところを70点も取った。何といっても費用対効果が高い。

しかしもっと大切なのは、本人にとって、この70点は「プラス70点」であることだ。一生懸命に勉強して取った90点は、往々にして90点でなく「マイナス10点」になる。

勉強など一生懸命にしてしまうのは、どうにかして100点を取りたいと思う人間だろう。取った90点より、取れなかった10点に注目してしまう。心は減点法である。「今回もダメだった」「できなかった」というデータがどんどん積み重なり、「できない」脳の大人になってしまう。

ツイている人間は、70点取ったら70点を喜べる（加点法）

ツイていない人間は、90点取っても残りの10点で喜べない（減点法）

だからといって、「70点でいい」「勉強しないほうがいい」というのではない。やはり勉強はしなくてはいけない。しかし、仕事と同様、ツキのない人間が、苦しんで勉強してもロクなことはない。

まず、勉強が嫌いになる。嫌いな勉強がさらに嫌いになる。生活に喜びがなくなるし、ストレスがたまる。どんどんたまる。過剰にストレスがうっ積すれば、心のバランスが失われたり、自分の感情を制御できなくなる現象が起きてくる。

「頑張って勉強するような子は、絶対に育てないでください」

子育て中の親御さんを相手に講演するときは、必ずそういう。

「ワクワクしながら勉強する子にしてください」

ところが、そんなことは不可能だと思う人がほとんどだ。

なぜなら親のほうも学校時代に、勉強はつらい、面白くない、大変だと思い、我慢しながら勉強してきた。今でも、仕事はつらい、大変だと思いながら働いている。

アメリカでは、「仕事はつらい」などという人間は明らかに負け組と見なされる。また実際、社会的な負け組に属している。しかし日本では、社会的にそこそこ地位のある人でも、意外にたくさんの人が「仕事はつらい」「働くのは大変だ」「努力は苦しい」と思っている。

それというのも日本人は自分のために働いてこなかったからだ。自分の目標を持ち、その実現のために働くのでなく、会社や組織から、トップダウン式に与えられた目標を達成するために働いてきた。その代償として、終身雇用や年功序列を保証され、扁桃核はかろうじて「快」に保たれる社会の仕組みになっていたのだ。

しかしそのような日本的システムは、すでに崩壊しつつある。リストラによって、そのことを私たちは徹底的に思い知らされた。１人１人が個人的目標を持ち、その実現のために働くのでなければ、生きがいも人生の意味も、もう見つからないという時代になったのである。

「僕が君たちにいえることはひとつだけだ。それは、目標を持つということ。目標を持つことで、君たちが望むことのほとんどは可能になるはずです」

これは、大リーグに入ったイチロー選手が、アメリカの子どもたちを前にして発したメッセージである。ニュースでその声を聞き、私は驚いた。アメリカの子どもたちに対し、日本人の口から、このような言葉が発せられたことに大きな衝撃を覚えたのである。

目標意識が人生を決める

何となく流され、気がつくと人生が決まっている

子育てで一番必要なのは、目標を持てる子にすることだ。成績優秀な子にすることではない。夢を持ち、願望を抱ける人間にすることである。人生の目標さえしっかり持っていれば、チャレンジ思考が育ち、どんな努力もどんな我慢も喜んで耐えてしまう。

目標、夢。子育ての最大のポイントである。

その夢をどう持たせるか。どんな魔法を使ったら、凄い夢を持てるのか。この章の残りのページを使って、そのことを述べていこう。

天才を育てる3つのポイント

ブレイントレーニングの指導に入るときは、必ず次のような質問に答えてもらう。
①あなたには人生の大きな夢（目標）がありますか？
②その夢は、必ずかなうものだと思いますか？
③その夢のことがいつも頭にありますか？
④その夢が実現されれば、自分のほかにも幸せになる人がいますか？
⑤夢を実現するにはどうしたらいいかを、いつも考えていますか？
⑥夢を実現するために、何か行動を起こしていますか？
⑦その夢に対して、否定的になっていませんか？

すべての設問に「はい」と答えられた人は、かなり非常識な脳の持ち主だ。そのような人に対する指導はとてもラクだ。具体的な方法を教えるだけで驚くほど伸びる。しかし大半の人は、ひとつもイエスと答えられない。

設問の中で最も重要なのは①と②だ。夢（目標）を持ち、それが必ず実現すると信じられなければ、残りの質問はみんな「いいえ」になる。大人では、この2つにイエスと躊躇なく答えられる非常識な脳はきわめて少ない。しかし子ども、それも低学年ほど、即座に「はい」と答える子が多い。大人の脳が常識的で、退屈であるのに対し、子どもは非常識な脳でウキウキと生きているからである。

まだ、ろくにバットも振れないくせに、「イチローのようなプロ野球選手になる」と本気でいえる。そして、それを当たり前と思い、なれるものと信じ込んでいる。それを笑ったり、本気で取り合わない大人が、天才の脳を凡人の脳に改造してしまう。〝イチローの父〟には絶対になれない親である。間違いなくイチロー選手も、そういう子どもの1人だったはずなのに……。

すべての子どもは天才である。その理由は、失敗経験がないからだ。生きてきた時間が極端に短い。親に保護されている。したがって、失敗の記憶データがスーパーコンピュータにほとんど入力されていない。彼らにとっては、「なりたいもの」が「なれるもの」であり、「したいこと」がそのまま「できること」である。怖いもの知らずともいえるし、天才的なプラス思考ということもできる。

ところが、小学校に入る頃から、「ダメだった」「できなかった」というデータが少しずつ増えてくる。今日までの人生を振り返れば、「できた」データの何十倍も何百倍も、「ダメだった」「できなかった」データを持っているのが普通なのだ。

その結果、「なりたいもの」は「なれないもの」であり、「したいこと」は「できないこと」であるという常識的な脳が無事完成されていく。

99パーセントの人間はこうして、「できない」という錯覚の中で生きることになる。自分でつくり上げた〝可能性の枠組み〟を突き破るような、人生の夢や目標を持とうとしなくなる。4000万円のマイホームは思い描けても、10億円のマイホームはどうしてもイメージできなくなるのである。

4000万円のマイホームなどという、小さな夢は持つな。10億円のマイホームをイメージできれば、4000万円のマイホームなどラクラク実現してしまう

しかし世の中にいるたった1パーセントの人間だけは、とんでもない夢を持ち続けてしまう。自分の可能性を信じ続けてしまう。いったいどんな間違いから、そういう非常識な脳ができてしまうのか。考えられる原因は2つしかない。

ひとつは、スーパーコンピュータである脳に、「ダメだった」「できなかった」という記憶データがまったくインプットされていないこと。これまでの人生で、やることなすことすべてできてしまった……。むろん、いかなる天才でもあり得ない。

となると、2つ目のほうである。「ダメだった」「できなかった」が、どんなにたくさん入力されていても、扁桃核が平気で「快」になってしまう特異体質だ。この特異体質のことをメンタルタフネスと呼ぶ。２０００回の失敗も平気で受け入れ、喜んでチャレンジを続けられる。強靱極まりないノー天気である。

天才たちのこうした体質は、すべて家庭の中でつくられる。

天才をつくる家庭教育とは何か。そのポイントが次の３つである。

・夢教育――一緒に夢を語り合うこと
・加点法――徹底的にホメること
・愛情――絶対的な愛情で受け入れること

子育てとマネージメントの共通項

どうしたら部下がやる気を起こすか。管理職セミナーに講師として参加したとき、ある会社の営業支店長で、十数人のセールスマンを抱えるFさんから、そんな質問を受けた。業績が悪いので職場の意識改革を行い、何とか成績をよくしたいという。

柔道選手のようにガッチリした体格のFさんを見て、「根性とか忍耐と書いた色紙を飾ったりしていませんよね」と聞いてみると、心配した通り、「根性!!」と大書した模造紙が、掛け時計の横に貼ってあるという。

根性がいけないわけではない。しかしトップダウン式に「根性」を強要し、叱咤激励してその気にさせるのは、もう時代遅れのやり方だ。テレビでもスポ根ものは流行らない。経済成長期のピラミッド型マネージメントの中では役立ったけれど、ビジネスマンのプロ化時代にはもう通用しない。

私がFさんにアドバイスしたのは、ホメるということだ。古くからある手法だが、これを実践している管理職は皆無に等しい。

欠点を指摘するのでなく、ホメてホメてホメまくる。ホメるところがなくなったら、欠点までホメ上げてしまうぐらい、徹底的にホメるのだ。「本人がそれに自信を持てば、弱点も長所に変わる」というのがツキの大原則だった。また、期待して期待して、期待しまくる。なぜなら、「まわりの人にどう思われるかが、人間を変える」というツキの大原則があるからだ。

ホメられ、期待された↓その通りになろうとする

叱られ、期待されなかった↓その通りになろうとする

人間が一番信用できないものは何かというと、自分自身である。自分が一番信用できない。だから教祖に、「お前には悪いカルマがある」「悪い霊がついている」「しかしここでしっかりお布施

をすれば、人々の魂を救える人間になれる」といわれると、ついそんな気になってしまう。人間とはいかにお調子者であるかということだ。

「お前は会社になくてはならない人間だ」「期待しているよ」などと社長に声をかけられると、本当にそう思えてきて、命に代えても会社に尽くしてしまったりする。初歩的なマインドコントロールである。

脳というコンピュータは、自分が自分に対して抱くイメージよりも、他人が自分に対して持っているイメージを、何としてでも実現するようにプログラミングされている。「人の思惑など気にするな」というのはウソだ。他人にどう思われるかが大切なのだ。

シドニー五輪で高橋尚子選手を女子マラソン優勝の栄冠へ導いた小出義雄監督は、大きな期待を選手に伝え、さらにホメまくる才能を持っていた。「1番になれるよ。世界一になれるよ。絶対になれるよ」と、どこかの教団の暗示テープのように繰り返す。もうダラシないぐらい、ホメてホメてホメまくるのだ。

高橋選手の扁桃核はすっかり気持ちよくなってしまい、自分は世界一のマラソンランナーになれるものと錯覚し始める。そうなれば、もうメンタルヴィゴラス状態だからどうしようもなくワクワクしてきて、「やめろ」といわれても喜んで努力してしまう。

「でも、そんなことをしたら、部下が図に乗ってしまう。いい気になって、自己満足してしまわないでしょうか」と、Fさんはしきりに心配していた。

20代のときに私の勤めた会社で、私を大抜擢した老社長は、いつも私に「お前は図に乗り過ぎだ」と忠告してくれた。だからいうわけではないが、欧米人に比べておとなしい日本人は、少々図に乗るぐらいがちょうどいい。上司にホメられ、本当にホメ殺されてしまうなどというのは、目標意識の足りない人間である。

部下の育成と子育てのコツは、基本的に同じだと私は考えている。

管理職は、仕事能力のある社員ではなく、ツキのある社員を育成するように心がけるべきだ。間違っても優秀な人材を育てようなどとしてはいけない。親は、勉強のできるいい子より、ツキのある子を育てる。仕事能力とか実績、成績といったものは、ツキさえあればどうにでもなるようなものなのだ。

では、ツキのある人間をどう育成するのか。これは簡単である。まず、夢や願望を持たせる。そして、その夢や願望の実現に対して、扁桃核が「快」になるよう、徹底的にホメ、かつ期待するのである。

しかし日本人は、ホメることに慣れていない。儒教的な伝統が影響しているのかどうかは知らないが、他人の長所にあまり気づかないし、気づいてもホメない。絶対ホメない。たとえホメたくても、気恥ずかしくてできないのである。

そこで、私はFさんに「ピグマリオンミーティング」を提案した。

ピグマリオンミーティングとは、徹底的に相手をホメ続ける集まりだ。何分間かの時間をあらかじめ決め、１人をみんなでとことんホメてしまう。吊るし上げるようにして、ホメ上げてしまう。これをすると他人の長所に目が行くようになり、自分の長所にも気づける。ホメることが平気になる。ホメられた人間は扁桃核が「快」になり、期待される通りのビジネスマンになってしまうのだ。

このピグマリオンミーティングに、家庭でもチャレンジするとよい。子どもが大きくなってからでは難しいが、小さいうちなら大喜びで参加する。大人にはとても発想できないような、素晴らしいホメ言葉を連発するはずだ。そして、わが子にホメられた通りの父親になろうと努力している自分に、やがて気づくだろう。

成功に不可欠な愛という名の信頼関係

先のシドニー五輪で、私の記憶に最も鮮烈な印象を残したのは女子マラソンの高橋選手だった。とくに42・195キロを走り抜き、ゴールのテープを切った高橋選手が、スタンドの喝采に手を振って応えながら、懸命に小出監督を探していた姿が忘れられない。

長年、スポーツ選手のメンタルトレーニングを指導してきたので、監督と選手の関係をいろいろと見てきた。

その中には小出監督と高橋選手のように、監督と選手が絶対的な信頼関係で結ばれているケースがときどきあって、そういう選手やチームは例外なく強くなり、記録を伸ばし、大活躍するのである。

私の成功を、自分のことのように喜んでくれる人がいる

私の成功を、自分のことのように喜んでくれる人がいると思えない

子どもたちの凶悪事件が多発しているが、少年院の入所者などが行った心理テストの結果を見ると、問題行動を起こす子どもに共通する大きな特徴のひとつは自己評価の低さだ。

「どうせ俺なんて」というその気持ちは、成績のよし悪しとは直接関係がないらしい。自分の存在意義や存在価値を、どこにも見出せないところから来るといわれる。

人が自分の存在意義や価値を感じるのは、他人に認められたときである。「私」の成功を自分のことのように喜んでくれる人や、「私」の失敗を自分のことのように悲しんでくれる人がいない。そう感じるとき、人は自分の存在意義を見失う。

自分を認めてくれる最初の他人。子どもにとっては、まず母親である。

愛すべきメンタルタフネスの愛

人の愛情には2つの種類がある。

何が何でも無条件で愛するという絶対的愛情が、その1だ。

たとえば、『五体不満足』の著者が生まれたとき、五体のうち一体しかない赤ちゃんをはじめて目にした母親の口から出てきたのは、「可愛い」という言葉だった。この著者のツキは、その瞬間に決まったと思う。自分に向けられた無条件の愛を確信した脳は、完璧なプラス思考になり、どんな不可能も可能にしてしまう。

だから、天才は1パーセントしかいないのだ。世間の一般的な親は、生まれた子どもに手足がなかったとき、「可愛い」とはいえないのである。

愛情のその2は、条件つきの愛、評価をともなった愛だ。五体満足だから、顔が可愛らしいから、頭がいいから、親のいうことをよく聞く「いい子」だから、勉強ができるから……。そういう何らかの条件が愛情にくっついてくる。もちろんほとんどの親は、絶対的な愛情で子どもを愛しているが、コミュニケーションが不足したり、間違ったメッセージを発してしまうと、愛情が子どもに伝わらない。

その愛情をようやく理解するのは、親が亡くなったときだったりする。「孝行したいときに親はなし」とはよくいったものだと思う。もう取り返しがつかない。いや、取り返しはつく。スポーツ選手には、親が亡くなったあとの試合で大活躍したり、驚異的な記録を出すケースが少なくない。これなども親の死によって、その愛情の深さを思い知らされ、また親に対する自分の愛情にあらためて気づいて、感情脳に大革命が起き、イヤでもメンタルヴィゴラス状態になってしまった結果である。

自分を愛してくれる人のために、成功する。

私が人間を凄く好きなのは、人は自分のためよりも、愛する人のために頑張れるからだ。自分のためには強くなれなくても、人のためには強くなれるからだ。メンタルタフネスのカギが、ここにある。

第6章

今のあなたにもツキは必ずやってくる

いとも簡単に自己変革ができるツキの大原則

組織を形成する5種類の人間

2対6対2。これは1つの組織に属する人間を、その能力に応じて分けたときの構成比だ。最初の2は、突出した能力を発揮し、組織全体をリードしていくグループ。組織内の「勝ち組」に当たる。6は、自分の役割をこなしながら、リーダーについていく平均的なグループ。一方、残りの2に入るのは、ちっとも能力を発揮しない、組織の〝お荷物〟的な人材である。

会社でも学校でも、地域活動、趣味、ボランティアの団体でも、能力という観点から人材を分類すると、不思議とどの組織も2対6対2の構成になるという。

面白いことに他の動物にも、同様の傾向が見られる。たとえば勤勉の代名詞のように思われている働きアリも、その2割はお荷物的な働きアリで、他のアリがセッセと労働にいそしむかたわらで、空を仰ぎながら怠けている。どんな世界にも、積極的に人生に取り組む者と、イヤイヤながら消極的に生きてしまう者がいるのである。

2対6対2の構成をもう少し細かくセグメントすると、①環境変革型（5%）、②環境改善型（10%）、③環境順応型（35%）、④環境逃避型（45%）、⑤環境破壊型（5%）という5つのタイプに分かれる。この分類に自分を当てはめてみると、肩書とか年齢にとらわれることなく、組織内における真のポジションに気づくことができる。

▼環境変革型（5%）

普通の人間なら絶望するような、恐ろしく困難な環境に置かれても少しも影響されず、とてつもない願望力を維持してしまう人間がいる。モチベーションが低下しない。それどころか障害があればあるほど、ますます燃え上がる。徹底したプラス思考で、成功するまでチャレンジし続け、最後には環境や状況のほうを自分の思い通りに変えてしまう。

「俺は、レースに出たら絶対に負けない。なぜなら勝つまでやり通すからだ」と本田宗一郎はいったが、このタイプはどの分野でも成功者になる。

▼環境改善型（10%）

変革型とともに、組織内の「勝ち組」である。

強いプラス思考を持ち、旺盛なチャレンジ精神で目標に立ち向かう。通常はハイ・モチベーションを維持するが、著しく困難な局面になると弱気になり、モチベーションが低下してしまうことがある。いつまでもNo.2にとどまっている理由がそこにある。

しかし立ち直りは早く、スランプやプラトー（伸び悩み）、落ち込みを克服して、またハイ・モチベーションを取り戻す。

▼環境順応型（35％）

チャレンジ精神、モチベーションのレベルが低く、主体的に取り組めない。環境や状況、まわりの人間に左右されやすく、モチベーションがコロコロ変化する。昨日は張り切っていたと思うと、今日はすっかりやる気をなくしている。

つまり主体性がないということだが、主体的でないとは、生きがいを持てないということである。「これでもいい」「仕方ない」と、現状に妥協して流されていく。状況のよいときなら、それでもいい。しかし状況が悪くなると、どんどん悪くなってしまう。

▼環境逃避型（45％）

順応型と同様、組織内の「負け組」に属する。成功願望が抱けない。目標意識を持てない。持とうとすると、失敗、恐怖が無意識のうちに働いて、「どうせ自分にはできっこない」「無理だろう」「無理しなくても」と考えてしまう。当然、主体的であることも、積極的にもなることもできない。しかし自己防衛本能は人一倍強いから、自分を正当化するグチや不満、悪口は大好きだ。

このタイプを動かすことができるのはプレッシャーである。ノルマ、上司の叱責、デッドライン、倒産の危機など、外から強いプレッシャーを受けると、その間はかろうじてモチベーションがアップする。しかし自分1人では、高めることも維持することもできない。

▼環境破壊型（5％）

「環境が悪い、まわりの人間が悪い」と責任を転嫁する。他人の足を引っ張り、他人の失敗を喜ぶのはストレスの発散になるからだ。当然、まわりの人のウケもよくない。放っておくと組織の調和を乱し、環境を破壊することさえある。真剣な忠告やアドバイスなどに対しても、まったく聞く耳を持っていない。

以上のような5つのタイプが、組織の中には必ず存在している。どんなにイヤでも、そのどれかに人は分類されてしまう。

心の壁を突き破るために必要なもの

これまでの能力開発であれば、改善型は変革型を目指せ、順応型も逃避型も、やはり変革型を目指せと指導されるだろう。誰でもなろうと思えば変革型になれる、だから意識改革せよ、と。

意識改革――これは耳に心地よい言葉だ。「意識改革、意識改革」と政府がいう、政治家がいう、企業のトップがいう、労働組合のトップがいう、評論家がいう、反対派がいう、賛成派がいう。みんなが、意識を改革しろという。

意識改革さえすれば、すべて解決するかのように世間では思われているフシがある。

しかし恐ろしい能力開発は、そんなバカげたことはいわない。いえないのである。というのも組織内の「負け組」である順応型や逃避型、破壊型は、どんなに意識改革しても「勝ち組」になれないからだ。絶対になれないと断言しておく。

人は、いかに意識改革だけでは変われない存在であるか。能力開発に取り組み出した最初の8年間で、私は完璧に気づいてしまった。

脳というスーパーコンピュータの働きは、全体の90～95パーセントが潜在意識で占められているといわれる。わずか5～10パーセントの意識に対し、潜在意識は大きな影響力、強い支配力を持っている。この潜在意識の正体は、膨大な過去の記憶データである。潜在意識にストックされたデータと照らし合わせながら、スーパーコンピュータは分析し、判断し、私たちの思考や感情、行動のすべてを裏からコントロールしている。

どんなに「勝ち組」になりたくても、潜在意識が「ダメ」を出す。だから、いくら意識改革しても、なれそうな気がしない。むしろ、「負け組」になる予感がする。

「金持ちになりたい」という望みを抱いても、過去に成功経験が少なく、失敗経験が多ければ、「無理だ」「バカいうな」と潜在意識にハネつけられてしまう。自分が金持ちになれるなどとは、本気で思えないのである。

一度も愛されたことのない人間は、どんなに愛が欲しくても、誰かに愛されるとは思えなくなる。自分が、愛されるに値する人間とは思えなくなってしまう。同様に、自分が「勝ち組」に値する人間とは思えない、金持ちに値する人間だとは思えない……。

つまり人は、心の中に壁を持っているのだ。過去の記憶データがつくり出す「心の壁」が目の前に立ちふさがっているので、「ダメだ」と思ってしまう。無意識のうちに「できない」というイメージを抱いてしまう。不安や恐れが湧いてくる。「心の壁」に邪魔されて、自分が本当になりたいと思う人間になれずにいるのである。

能力開発とは、この「壁」を突き破ることである。

「負け組」は「勝ち組」に絶対になれないと私はいった。ところが、何を間違えたのか順応型や逃避型の人間が、突発的に変革型、改善型に変身してしまう例がある。目標意識もモチベーションも、以前とは見事に違う。いったいどこのセミナーで、どんなプラス思考の秘密特訓を受けたのかと調べてみると、そうではなかった。

多くの場合、新しい友人や新しい仲間との出会い、目をかけてくれる上司や、ひいきにしてくれる顧客との付き合い、新しいジャンルの仕事とのめぐり会い、あるいは結婚、子どもの誕生、親の死などがきっかけとなっているのである。

「心の壁」を突き破るのに必要なのは、ツキと運であるということだ。ツキと運だけが、それを可能にする。人と出会い、モノと出会い、自分以外のどこかから素晴らしい力をもらうのである。

夢を持てない普通の人々

「夢が持てない」「目標が見つからない」「目標を持ち続けることができない」……。

最近、こうした言葉をよく耳にする。研修や講演会の席で、あるいは個人的な相談の場で、そんなことを聞くようになったのは、バブル崩壊以降、とりわけ日本の産業社会の構造的変化が顕著になったここ数年である。若者が多い。しかし会社の中堅クラスに当たる30代、40代の人も意外にたくさんいる。

40代前半の証券マンであるGさんは、「仕事に情熱を持てない」といった。

「どちらかというと、自分はチャレンジ精神のあるほうだと思う。学生時代から夢を持って、仕事にも積極的に取り組んできた。それなりの実績も残してきた。しかしふと気がつくと、いつの間にか夢も目標もなくなっていた」

深刻な顔だ。学生時代からの夢が、いつの間にか消えてしまったという。社会変化のスピードを考えると、それも不思議ではない。これだけ変化の激しい時代に、10年も20年も同じ夢を持ち続けるとしたら、そのほうがおかしい。

私は、こんなふうにいってみた。

「あなただけじゃありません。世の中の90パーセント以上は、夢なんてない。みんな夢が持てないでいる。だから夢を持った人間が勝つんです」

「でも、同僚はみんな人生の目標をしっかり持っています」

「いや、違いますね。日本人は今、自分の夢を探し出したところです。なぜかといえば、これまでタダで人生の夢や目標を与えてくれた、会社という組織が、もうタダでは夢も目標も提供してくれなくなった。あなたのいる証券業界など、まっ先にその洗礼を浴びたのではないですか。自分で夢を見つけ、自分で目標意識を高めるしかないという、プロ根性に早く目覚めた人が人生に革命を起こすのです」

Gさんにいった通り、人生に実現すべき目標を持ち、毎日を意識的に生きているのは、世の中のほんのひと握りの人間に過ぎない。圧倒的大多数は、夢も目標もなしに生きている。これは、私が自分の首をかけてもいいぐらいの、100パーセント疑いのない事実だ。

なぜそんなに夢が持てないのかといえば、「夢を持つツキの大原則」を実行せず、みんな知らず知らずのうちに、「夢をなくすドツボの大原則」を実践しているからだ。

夢を持つツキの大原則

プロのビジネスマンに必要なのは、一流のスポーツ選手なら必ず持っていて、それを失ったら1日としてトップアスリートではいられないもの——それと同じである。人間を一流たらしめるものといい換えてもいい。目標意識とモチベーションである。

夢を持つこと。何がなんでもその夢を実現しようとすること。そういう強固な目標意識を持って生きる人間は、仮にその夢が実現しなくても、何の夢もなく、何の目標もなしに生きてしまったときとはまるでレベルの違う、素晴らしい人生になる。

ところがほとんどの人は、夢を持とう、夢を持ち続けようとして、逆に夢を失ってしまうのである。なぜなら人間の脳は、こんなふうにできているからだ。

自分のことだけを考えていると、夢が持てなくなる

素晴らしい夢（目標）を持ちたければ、この原則の反対を実行すればよい。

・恋人のことを思うと、2人の夢ができる
・配偶者のためを思うと、夫婦の夢ができる
・親のことを思うと、親を幸せにする夢ができる
・家族のためを思うと、家族のための夢ができる
・お客様のためを思うと、お客様を喜ばせる夢ができる
・チームのためを思うと、チーム目標という夢ができる

・日本のためを思うと、日本をよくする夢ができる
・地球のためを思うと、地球をよくする夢ができる

愛し合う恋人の間に、小さくても将来の夢が芽生えるのは、相手を思う愛があるからだ。愛は扁桃核を「快」にし、脳に肯定的な未来をイメージさせる。

しかし恋が冷め、自己中心的なものの考え方や感じ方が復活すると、相手のことを思えなくなり、そうなると夢も一緒にしぼんでいく。未来も消えてしまう。失恋の痛手から人が自殺することがあるのは、思う相手がいなくなり、突然、未来が奪われるからだ。

なぜ1人では夢が持てないのか。人は理屈脳（大脳新皮質）でなく、感情脳（大脳辺縁系）で夢を見ているからだ。感情脳に愛があり、扁桃核が「快」になっているときは、ワクワクするような楽しい未来をイメージできる。ところが、自分1人だけになると、分離不安という人類に共通のトラウマが頭をもたげてくる。

扁桃核が「不快」に転じ、自己防衛的になるので、マイナス思考、マイナスイメージ、マイナス感情になって夢が消えてしまう。だからマイナス感情の夢、マイナスイメージの目標など、そもそも撞着語法――「甘くない砂糖」とか「温かくないお湯」と同じ撞着語法であり、どこにも存在しない。

夢を持つ秘訣は、自分以外の人の幸せを思う心である。

ところで、こんなことを思う人がいるのではないだろうか。

「愛とか心とか、ビジネスはそんな甘ったるいものではない」

もしそう思った人がいたら、その人は間違いなく消費社会におけるビジネスの本質、ソフト時代における商いの急所を決定的に見誤った、ツキのない人である。

たとえば、消費社会の到来をいち早くキャッチして成功した、ソニーの井深大は、「5年後の商品は、60パーセントが今の世の中にないものだ」と断言した。最高にツイている人間の予知だから、当然的中する。時代はその通りに動いた。しかし、〝今の世の中にない商品〟をどうイメージし、どう生み出し、どう売っていけばいいのか。

今日のビジネスの核になっているのは、その愛や心である。「お客様のため」という思い、「日本のため」という思い、「地球のため」という思いが、人々の消費動向といかにリンクしているかは、私が説明するまでもないだろう。物さえつくれば、ツキがなくても夢がなくても売れてしまった、高度経済成長の時代とは違う。人の幸せを本気で願う気持ちがないところでは、消費者の心をつかむ商品の開発など到底できない。夢がなければ売れないし、愛がなければ売れないし、心がなければ絶対に売れない。

これは世界的に有名な話だが、ソニー創業時、まだ終戦直後で世間の人々が衣食住を確保するのに精一杯だった頃、井深らは、「人々を幸せにするもの、人々を豊かにするものを世に出す」ことを社訓に掲げて、会社をスタートした。

俺にはツキがないと嘆く前に、自分には夢（目標）があるかどうかを、もう一度考えてみるべきだ。夢のないところに、ツキだけがあるなどということはない。夢も目標も持っていないのに、どこかからいい話が転がり込んでこないかと、道に落ちたサイフを拾う感覚でツキをイメージしているから、大切な人にも目が行かないのである。

自分以外に誰を喜ばせたいか。必ずそこに夢が見つかる。

天才の異常なモチベーション

夢という目標に一歩一歩近づいていく、そのエネルギーがモチベーションだ。

モチベーションという言葉は心理学で「動機づけ」と訳されるが、一般には「やる気」「意欲」と訳すほうがわかりやすい。目標達成に向かう行動を支配し、完遂に至るまで行動を維持しようとする心理的エネルギーである。

モチベーションとは何かということを、はっきり教えてくれるエピソードがある。本田宗一郎の近くで車の設計に携わったある技術者の回想だ。

本田が図面の変更を指示し、そのために彼は新潟県のさるメーカーまで出かける必要があった。しかし新潟は大雪で、車も飛行機も使えない。出発できずにいるうち、本田がやってきて、図面は仕上がったかとたずねる。「すみません、もうすぐできます」と彼が答えると、隣にいた同僚が助け船を出した。「列車も車も不通で、新潟へ行けないんです」。とたんに、本田の目がつり上がった。「バカヤロー、なぜ飛行機をチャーターして、落下傘で飛び下りないんだ!」。彼は、その場面をこう述べている。

「皆は一瞬度肝を抜かれて返事もできなかった。おやじの顔は真剣で本気でそう考えており、決して冗談でいっていない事が判った」

これが天才のモチベーションだ。目標を設定したら、何がなんでも実現しようとする凄まじいまでのモチベーション。これでツキがないはずはない。

しかし日本人は、このようなハイ・モチベーションを容易に持てない。アメリカン・ドリームの国に比べると、日本には変革型の人間が非常に少ない。アメリカで5パーセントなら、日本では1パーセントいるかいないかだろうと私は見ている。

モチベーションを高める闘争本能

日本人のモチベーションは驚くほど低いという、重大な事実に気づいてしまった人間はおそらくツイている。そのモチベーションをほんの少し高めれば、「あいつはやる気がある」「あいつは意欲的だ」と見られることになるからだ。

「とりあえず3か月間、モチベーションを維持できればあなたも天才になれる」

私の持論である。

私どもが行う心理チェックの結果によると、モチベーションの一般的な持続期間は長くても3か月。意欲、やる気、熱意、目標意識などは、3か月が経過する前にすっかり変わってしまう。たった3か月で脳は環境になれ、環境に順応して、「自分はどうせこんなもの」と考え出すのだ。

一方、何がなんでも夢や願望を実現しようという天才の脳は、環境に順応できず、チャレンジし続けてしまう。「天才とは99パーセントのパースピレーション（汗・努力）と、1パーセントのインスピレーションである」といったのは、確かエジソンだったと思うが、私にいわせれば努力でもインスピレーションでもない。「なぜ飛行機をチャーターして、落下傘で飛び下りないんだ！」という、あのハイ・モチベーションが天才なのだ。

凡人と天才のモチベーションの違いのもとは「本能」だと、私は分析している。自己防衛本能のまま環境に順応するか、闘争本能によって徹底的にチャレンジしてしまうか。

理屈脳の大半は、自己防衛本能を遂行するために発達したものである。脳というスーパーコンピュータのシステム全体の中で、理屈脳の仕事は、目の前にある世界がいかに危険で、いかに恐ろしくて、いかに困難で、いかに大変で、いかにつまらないかを絶えず検証することだ。

だから理屈脳が優勢なときは、たいてい扁桃核は「不快」である。妻に叱られ、必死でいいわけを考えているときなど、まずそれだ。ウキウキできない。ワクワクしない。分離不安のために死にそうなぐらい苦しくなり、情けないほど臆病で、また自己防衛的な、「できない」脳になっているのだ。

私たちの過去は失敗の連続である。記憶装置には、「できなかった」データばかりがストックされている。理屈脳の分析をそのまま受け入れている限り、「〜しないように」という自己防衛的な姿勢にならざるを得ない。

では、どうしたら天才たちのようにモチベーションを高められるのか。

感情脳を刺激し、闘争心を高めることである。

一流のエネルギーと超一流のエネルギー

闘争心に一番関わりがあるのは感情脳（大脳辺縁系）だ。遠い昔、私たちの祖先は魚類から爬虫類に進化し、海から陸に生活の場を移した。そこで何が起きたかというと、海中に比べ、運動が格段に自由になる。食や性をめぐる闘争はそれだけ熾烈になり、激しさを増した。その結果、大きく発達したのが感情脳である。

人間が抱くさまざまな感情のうち、とくに闘争心と関係するのは次の5つのエネルギーだ。

▼不満・反発のエネルギー——素直になれないから、チャンスを失う

他人や環境への不満は、それだけでは反発という低レベルの闘争心にしかならない。この種の闘争心の根底には自己防衛がある。繰り返し述べてきたように、自分を守ろうとするとき、人の

扁桃核は「不快」になり、必ずツキをなくす。

プロスポーツの世界でも、監督や首脳陣に対する反発のエネルギーを上手にセルフコントロールできず、ダメになっていく選手は少なくない。会社でも同様だろう。会社の方針や上司に不満を持つと、目標達成へ向かうべき闘争心が、反発の対象のほうにずれてしまい、能力が一気に低下することになる。

ツキには絶対に素直さが必要だ。他人の言葉に謙虚に耳を傾ける。自分を捨てて、人に従ってみる素直さが、正念場では必ず必要になる。しかし反発のエネルギーに支配された人間は、他人にも自分にも素直になれず、せっかくのチャンスを失う。

▼好き・得意のエネルギー——強さが不足し、大きなことは達成できない

プロの野球選手は、みんな野球が好きだ。Jリーグの選手は、1人の例外もなしにサッカーが大好きである。嫌いな人でもプロになれるほど、スポーツの世界は甘くない。しかし、好きというエネルギーだけでプロになれるほど単純でもない。プロのビジネスマン、プロの経営者、プロの個人事業主、プロの芸術家にも同じことがいえる。

「好き（得意）のエネルギー」があると、感情脳が「快」になるので、ワクワクしながら楽しくチャレンジできる。努力がつらくなくなる。ストレスも感じない。目標へ向かう闘争心のベースとして、ぜひとも必要なエネルギーである。

しかしこのエネルギーだけでは、大きな目標は達成できない。現在の楽しさに満足してしまいやすいからだ。大きな目標にチャレンジするには、前へ突き進むエネルギーが必要になる。

▼願望のエネルギー――マイナス感情に支配されやすい

「こうなりたい」「ああなりたい」という願望が、未来へ向かうエネルギーを生み出す。未来を目指すこのタイプの闘争心は、強力にモチベーションを高める。自我的な欲求が背景にあるから強い動機づけとなるのだ。アメリカの成功哲学には、「願望さえ強ければ、何でも実現する」と教えるものさえある。

しかし人の心の中には、その願望を裏切るものが存在することに気づかなければならない。予感であり、予知である。いかに強い願望を抱いても、優秀なスーパーコンピュータは間違えない。ことあるごとに過去の記憶データに基づいて、失敗を予感する。そうなるとたんに闘争心を維持できなくなってしまうのだ。ほとんどの願望は、「自分を満足させたい」という自我的欲求から生まれる。しかし自分だけの未来を願望する人は、他人が運んでくるツキや運をつかめない。

▼悔しさのエネルギー――どん底に落ちた者は強い

「畜生!」「クソッ!」。その悔しさを、闘争心に転化し続けられる人間はバーンアウトしない。ボクシングでいうハングリー精神だ。「負けたくない」という意地、「あきらめるものか」という悔しさ、「見返してやるぞ」という傷ついたプライド。それらが闘争的なエネルギーになった場合は、モチベーションを凄まじく強化する。一度、どん底に落ちた人間は強いといわれる理由もそこにある。

▼感謝のエネルギー――最強の「ツキ」を可能にするもの

5番目に来るのは「感謝」のエネルギーだ。最後に来ていることからもわかるように、最強の心理的エネルギーである。しかし世間の理解では、感謝と闘争心は正反対のものということになっている。闘争心とはまったく逆向きの心である感謝が、なぜ闘争心を高め、モチベーションを強化するのか。

この本の最初で成功者の共通点を述べたが、じつはもうひとつ、どんな成功者にも共通していえることがある。願望が達成されて自我欲求が満たされると、「自分はなぜ成功できたのか」と考えるようになるのだ。

「自分が頑張ったからだ」「自分をホメてやりたい」という答えを見つける人は、そこで止まる。それ以上の成功は望めない。大きく成功する人間ほど、「自分1人の力ではない」と早いうちに気づく。「多くの人のおかげで成功できた」と考える。

これを「きれいごと」と捉えるのは、間違いなくツイていない人間だろう。自分以外の他人にツキや運を運んできてもらった経験がないから、そう考えてしまう。しかし成功者はツイている人間たちである。ツキの体験なくして、絶対に成功できない。自分以外の他人が、ツキや運を運んできてくれたおかげで成功できた。彼らはそういう答えを見つけるのである。

そこに、生まれてくるのが感謝の感情である。「ありがたいなあ」。そう思ってしまった人間は、もう自分のためだけに戦うのではない。その心には、「あの人に恩返ししたくて」「あの人に喜んでもらうために」、あるいは「人々のため」「社会のため」という、新しい闘争心＝使命感が発生する。こういう使命感は「勝ち組」の勝者、強者だけが持つことを許される最強のモチベーションなのだ。

この闘争心は、物ごとの好き嫌いとか不満、意地、自己実現など、個人的な動機づけによるエネルギーではないために、どんな困難があってもくじけることがない。むしろ困難であれば

日本経営合理化協会で行った「経営者のツキと運」についてのセミナー

あるほど湧き上がり、強固な信念となり、とてつもない力を発揮する。

スポーツの分野でもオリンピックのメダリストや、プロで大成功する選手には、このエネルギーを早い段階から持っていた人が少なくない。一流選手と超一流選手の違いは、このエネルギーを持てるかどうかの違いである。

最強のエネルギーを支える自分の神様

「感謝した者の勝ち」というツキの大原則を前に紹介した。自我欲求を超越し、自分以外のところからエネルギーをもらってしまった者の勝ち、ということである。

神様を信じる人間の強さも、じつはそこにある。事実、バッグンの活躍をする人間には、必ず神様がついている。

たとえば、高橋尚子選手には小出義雄監督という神様がいたし、イチローやゴン中山には父親という神様がいる。そういう意味での神様、つまり心の支えのいない人間には、超一流の働きはできないのである。

成功者のマネをしてしまうのが、成功のための奥義だ。それならあなたも、今、ここで自分の神様をつくってしまえばよい。

心の支えがある人は強い

人間が一番信じられないのは自分自身である。自分を信じる一番の方法は、他人を信じることだ

人や環境に対する感謝の感情は、強い自分をつくる

▼「心の支え」のつくり方

自分がこれまでお世話になった人、自分のことを心配してくれた人、自分の努力や成功を喜んでくれそうな人をすべて書き出す。

「現在の私を支えてくれる人」「学生時代の私を支えてくれた人」「子ども時代の私を支えてくれた人」。そして、まずその人たちに感謝しよう。

次にその中から、とくに自分のことを一番心配してくれる人、自分の努力や成功を一番喜んでくれる人、一番大切な人を1人選び、「心の支え」として設定する。

・その人にいつも感謝する。感謝の感情は自分を素直にし、心を強くする

・その人に承認されたいという心理が働き、モチベーションを高める
・その心の支えを思い出せば、どんなつらさも耐えられる

自分を揺さぶって得る成功者への資格

酔ってサイフを落とした人間のツキ、夜道でサイフを拾った人間のツキという話から、この本を書き始めたが、いよいよ終わりのページが近づいた。ここまで読んでこられた読者なら、ツキは単なる偶然ではないということを理解してもらったと思う。偶然どころか、ツキは私たちの思考や感情と深く関係していた。さらにいえば、私たちの生き方そのものに大きく関わっていた。

・ツキを呼ぶ考え方があり、ツキに見放される考え方がある
・ツキを呼ぶ感じ方があり、ツキに見放される感じ方がある
・ツキを呼ぶ生き方があり、ツキに見放される生き方がある

しかし、考え方や感じ方、生き方は容易に変えられない。だからツキのない人間はいつまでもツキがなく、ますますツキがなくなるものの考え方、感じ方、生き方になって、どんどんツキから見放されていく。ツイている人間のほうは、イヤというほどツイてツイてツキまくり、ウキウキワクワクできて、面白い人生を過ごすことになる。

ところで、カルト集団には相手に人格変容を起こさせ、狂信者に変えてしまうマインドコントロールの手法があり、そのプロセスは「揺さぶり」から入る。まず、相手の価値観に揺さぶりをかけるのだ。説得という手段を最初に用いると、相手の理屈脳に疑いが発生し、拒否反応を示す。ここでも理屈脳は自己防衛的である。したがって、理屈に働きかけるよりも、その人間が今日まで生きてきた価値観を揺さぶり、突き崩してしまうほうが、人間は簡単に変わるのである。

たとえば、空中に浮かんだ教祖の写真だ。「リンゴは落ちる」という現代人の常識をくつがえす凄い現象だ。驚き。それとともに何かが揺さぶられる。科学的な常識を信じ、その価値観で生きてきた人間ほど、自分の生き方が、間違っていたように感じられてしまう。「もっと別の世界があるぞ」「もっと別の生き方があるぞ」「今の自分でよいのか」と、その写真は語りかけてくる。

外側から人の心を操るマインドコントロールは、むろん許されるものではない。しかし「揺さぶり」は、過去や現在の延長ではない、新しい未来をつかむ人間には絶対に必要だ。夢や願望を実現しようと考える人間には、必要不可欠だと私は考えている。

なぜなら彼らは、過去の記憶データがつくり出した「自分」という常識を突き破って進まなくてはならないからだ。今の「自分」を突き崩さなければ、夢（目標）は実現できない。成功者とは、今の自分に満足することなく、自分に揺さぶりをかけ続けた人間のことである。

・今の自分でいいのか→このままではいけない！
・今の能力でいいのか→このままではいけない！
・今の技術でいいのか→このままではいけない！

・今の安定でいいのか→このままではいけない!

このままではいけない。では、どうしたらよいのかとスーパーコンピュータは動き出す。最後に、次のような大原則を掲げておこう。

「現状を超えるにはどうしたらいいか」と考え続ける人間だけが成功する

どのようにして現状を超えるのか。

じつは、その答えがツキなのだ。これまでの価値観や常識を突き崩し、新しい運を私たちに運んできてくれるツキ。それと出会い、それをつかみ、ツイてツイてツキまくる。その方法を述べてきた。実行するかどうかは、読者1人1人の問題である。

ただ、行動する人間と、行動しない人間ではどちらがツイているかといえば、行動する人間のほうが断然ツイている。現状に揺さぶりをかける者だけが、成功者になる資格を持つのである。その成功者に、あなたはなれるかどうか——。

さて、あなたの扁桃核の予感は?

あとがき

人生は楽しいものだ。

世の中の成功者は間違いなくそう思っている。成功してしまったから、「楽しい」と感じるのではない。成功する前から、「人生は楽しいものだ」と錯覚し、「楽しい」と思い込んでいた。それが、〝ツイている人間〟の正体である。それ以上でもなければ、それ以下でも決してない。

読者の中には、本を読むときは本文だけを読み、「まえがき」や「あとがき」はあまり読まない人もいる。しかし、この「あとがき」を読んだ人は非常にツイている。それというのは、次のような重要な原則を知ることができたからだ。

ツキのある人間の脳は、人生は楽しいものだと思っている
ツキのない人間の脳は、人生は苦しいものだと思っている

ツキのない人の脳が、「人生は苦しいものだ」と思っているのは、ツキがないからではない。いつまでも成功できなかったり、仕事や人間関係がうまくいかないから、「人生は苦しい」と感じるようになったのではない。「人生は苦しいものだ」と思っているから、いつまでも成功できず、仕事にも人間関係にも、またお金にもツキがなく、恋愛も家庭も順調にいかないのだ。

ツイていない人は必ずこう思っている。

・仕事は苦しいものだ
・イヤな上司がいるのは苦しいことだ
・家族を養っていくのは大変だ
・お金を貯めることは苦しい
・子育ては苦しく大変だ
・嫁（姑）がわかってくれないのはつらいことである
・バブルが崩壊したのだから苦しいはずだ
・お金がないのだから苦しまなければならない
・生きるということは苦しいものだ

人生はつらく、苦しいものでなければいけない。ツイていない人間の脳は、そんなふうにマインドコントロールされている。そのマインドコントロールを、自分自身であると思い込んでいる。

反対にツイている脳の人は、「人生は楽しいもの」「人生は楽しむべきもの」と考えている。

・仕事は楽しいものだ
・お金を貯めるのは面白い
・生きるということは楽しいことだ

そして、「どうしたらもっと楽しめるか」を常に考えている。楽しむことに貪欲だし、それが当たり前だと思っている。たとえば、家庭にツイている人間は、「家族を楽しませるためにこれをしよう、あれをしよう」と、いつも頭をめぐらせている。

どうせ人生を生きるのであれば、「苦しい」より「楽しい」がいいに決まっている。しかし「苦しいものだ」と考えているから、「楽しもう」という発想が湧いてこない。

普通に考えれば、人生とは苦しいものである。失敗もあるし、挫折も体験する。自分の力不足を実感したり、人間関係に傷つくことも少なくないだろう。まわりから1人だけ取り残されたように感じ、劣等感にさいなまれることだってある。無力感に打ちのめされ、立ち上がることすらできないような日々もあるに違いない。

常識的に考えて、人生は苦しくないはずはない。しかしそれは、「99%の真実」だ。99パーセントの人が、そう錯覚しているというように過ぎない。99パーセントの人間は苦しいと思う。にもかかわらず、扁桃核を「快」にし、「人生は楽しい」と思い続けられる1パーセントの非常識な人間が、世の中にはいるということ、そして、誰もがそういう人間になれることを、私はこの本の中で述べてきた。

ここまで読んでこられた読者の脳は、もうウキウキワクワクし始めていると思う。もうツキを感じ出したという人もきっと多いだろう。

間違いなく人生は楽しい。なぜなら出会いによって、出会うことによって、私たちはいくらでも自分の人生をよくすることができるのだから。この本も、あなたにとってそうした出会いのひとつになることを、私は信じて疑わない。

さて、このページを読み終えて、あなたは本を閉じ、再び人生の競技場へ出て行く。さあ、ゆっくりと助走路に入ろう。助走路の向こうに見えるバーは、あなたが「できない」「自分の限界」「これが私だ」と思ってきた、その高さの少し上に置かれている。しかし、今のあなたなら飛べる。間違いなく飛べる――

本書に関するお問い合わせ先

株式会社 サンリ

〒427-0007 静岡県島田市野田1518-7
TEL 0547-34-1177
URL http://www.sanri.co.jp/

◎西田文郎のホームページ
URL http://nishida-fumio.com/

面白《おもしろ》いほど成功《せいこう》する**ツキの大原則《だいげんそく》**

2001年11月16日 初版第1刷
2023年11月16日 第39刷

著者 ―――― 西田文郎《にしだふみお》
発行者 ―――― 松島一樹
発行所 ―――― 現代書林
〒162-0053 東京都新宿区原町3-61 桂ビル
TEL03(3205)8384(代表) 振替00140-7-42905
http://www.gendaishorin.co.jp/
デザイン ―――― 吉崎広明
イラスト ―――― 奥 啓介

印刷・製本:広研印刷(株)
乱丁・落丁本はお取り替えいたします。

定価はカバーに
表示してあります。

ISBN978-4-7745-0385-1 C0030